RENOV'LIVRES 2011

RECHERCHES
SUR AIRVAU

SON CHATEAU

ET SON ABBAYE

PAR

M. H. Beauchet-Filleau

Membre de la Société des Antiquaires de l'Ouest.

POITIERS

IMPRIMERIE DE A. DUPRÉ

RUE DE LA MAIRIE, 10.

1859

A Monsieur Calixte de Tusseau.

Mon ami,

Permettez-moi de vous offrir ces Recherches ; je le dois à double titre :

Pour l'obligeance avec laquelle vous avez bien voulu mettre à ma disposition les principaux éléments de ce travail ;

En votre qualité de représentant du dernier marquis d'Airvau.

Veuillez donc accepter cet envoi avec autant de bienveillance que j'éprouve de plaisir à vous l'adresser.

H. BEAUCHET-FILLEAU.

Chef-Boutonne, 1854.

RECHERCHES

SUR

AIRVAU, SON CHATEAU ET SON ABBAYE.

PREMIÈRE PARTIE.

LE CHATEAU.

§ I.

Dans une gorge profonde, à peu de distance des riches vallées que le Thouet arrose, se trouve, comme cachée à tous les yeux, la ville d'Airvau (Deux-Sèvres).

Ville seigneuriale et abbatiale tout à la fois, que l'on nous pardonne ces expressions, elle ne dut sans doute son existence qu'à la présence simultanée de son château et de son abbaye;

De son château qui, perché sur la croupe d'une colline, semblait une sentinelle vigilante dont l'œil attentif veille au loin, et qui, gardien efficace et bienveillant, protégeait les habitants qui venaient chercher un asile à l'abri de ses murailles;

De son abbaye, dont la situation dans le fond du val témoignait assez du caractère pacifique de ceux qui vivaient sous ses cloîtres, et dont la flèche couvrait de son ombre les serfs attirés autour du monastère par l'espoir de la liberté.

Là, comme presque partout ailleurs, le clergé et la noblesse, ces deux puissances de l'époque, étaient en présence, et là, comme presque toujours, les secrètes jalousies, les sourdes rivalités, se firent jour et donnèrent lieu, pour ne parler que des deux derniers siècles, à de nombreux et volumineux procès : volumineux, oui certes, nous l'avons appris à nos dépens, nous qui les avons compulsés, mais coûteux aussi, et le seigneur d'Airvau dut en savoir quelque chose, car pour un seul, le dernier, je crois, les honoraires de son procureur s'élevèrent à la somme énorme de vingt mille livres; et encore avait-il eu gain de cause.

Mais un jour vint où ce peuple que le château avait protégé, que l'abbaye avait nourri et tiré du servage, ce peuple se leva, puis, dans la joie brutale du triomphe, oublieux du passé, insouciant de l'avenir, tout au présent, brisa seigneur et abbé; et maintenant de ces deux puissances et de leurs démêlés, que reste-t-il? Un château déshérité de ses maîtres, une église veuve de ses splendeurs, quelques parchemins, à peine un souvenir.

§ II.

D'après quelques auteurs, dom Fonteneau entre autres, la ville d'Airvau remonterait jusqu'à l'époque romaine, et nous verrions en elle cette mansion *Segora* placée sur la route de *Limonum* (Poitiers) au *Portus Namnetum* (Nantes), dont la position a tant exercé la sagacité des antiquaires. Mais des écrivains plus modernes lui refusent l'honneur d'avoir donné asile au peuple-roi.

Habitants du Val-d'Or (*Aureæ Vallis*), de ce val qui dut sans doute son nom aux moissons jaunissantes qui couvraient ses collines, votre pays vous offre assez de souvenirs pour ne pas regretter la puérile distinction d'avoir vu passer sous vos murailles les légions des Césars.

Les environs d'Airvau abondent en effet en monuments qui témoignent que ce pays fut habité dès les premiers siècles de notre histoire.

Les ponts de Soulièvre et de Viré (aujourd'hui de Vernay [1]), le gué de Montguyomer et ses restes de ponts de

---

[1] Dans sa session de 1858, M. de Lowasy de Loinville, préfet des Deux-Sèvres, a appelé sur ce monument l'attention du conseil général de son département. « Le pont de Vernay sur le Thouet, a-t-il dit, est une construction romaine; depuis longtemps on avait reconnu que les restaurations faites à cet édifice remontaient au XIIe siècle, et c'était déjà pour un ouvrage de cette espèce une antiquité assez vénérable, car aucun ouvrage de ce temps n'est connu dans la contrée. — Mais des ponts existants en Algérie, et dont les inscriptions ne laissent aucun doute sur leur origine romaine, ont le même caractère que celui de Vernay. — Il n'y a donc plus de doute sur l'époque à laquelle ce dernier édifice a été construit.

» ..... Pour le conserver, il sera utile de le classer au nombre des monuments historiques. — Comme il est nécessaire aux communications de plusieurs communes, il sera possible, au moyen des ressources locales et de celles de l'État, de pourvoir aux réparations urgentes dont ce pont a le plus grand besoin. » (P. 35.)

Cet appel a été entendu, et voici en quels termes s'exprime le rapporteur de la commission chargée d'examiner cette question :

« Je crois devoir vous signaler, Messieurs, la découverte d'un ouvrage antique qui, après avoir été examiné par M. Mérimée, inspecteur général des monuments historiques, homme si compétent en pareille matière, a été reconnu devoir remonter au XIIe siècle, et l'un des plus antiques de ce genre qui existent en France. — Il s'agit du pont de Vernay sur le Thouet. — Étant d'une utilité incontestable pour la circulation de plusieurs communes, sa conservation atteindrait un double but, celui de l'utilité publique, de même qu'il conserverait à la science et aux arts construction évidemment romaine, la curieuse église de Saint-Généroux, Marnes, l'antique Ension où passait la voie romaine de *Limonum* à *Juliomagus* (Angers), et dans son sein même les nombreuses poteries gallo-romaines que l'on a retrouvées en dégageant le chevet de l'église, peu après 1840, tout témoigne de la présence de l'homme dans ces lieux dès la plus haute antiquité.

Conviés par l'aspect gracieux des bords du Thouet, séduits par la beauté et la fertilité du Val-d'Or, les vicomtes de Thouars, seigneurs suzerains de tout le pays environnant, durent y élever une maison de plaisance, où sans doute Hildéardis d'Aunay, l'épouse chérie d'Herbert Ier, venait se délasser dans les occupations champêtres, les plaisirs de la chasse, les promenades sous les bois ombreux et les chants des trouvères, du poids de la grandeur et des fatigues de la puissance. Puis, quand, devenue veuve, elle s'y fut retirée pour y pleurer dans la retraite l'époux qu'elle avait perdu, elle voulut élever à Dieu, pour implorer sa miséricorde, un monument de sa piété, un témoignage de sa douleur.

Telle fut, du moins nous le pensons, en l'absence de tout document, l'origine du château et de l'abbaye de Saint-Pierre d'Airvau.

---

un monument rare et précieux. Nous ne saurions donc trop insister près de M. le préfet pour qu'il avise à la conservation de ce précieux monument des vieux âges, en le faisant classer parmi les monuments historiques.

» Les conclusions de la commission sont adoptées. »

· Nous croyons être ici l'interprète de tous les amis de l'archéologie en remerciant M. le préfet pour son intelligente initiative, et MM. les membres du conseil général qui ont si bien compris son appel, et y ont si généreusement répondu.

Depuis la fondation de l'abbaye jusqu'au milieu du XIIIe siècle, le nom d'aucun seigneur d'Airvau n'est venu jusqu'à nous; tout nous porte donc à croire que ce fief, durant cette longue période, fit toujours partie du domaine vicomtal.

Cependant un Simon d'Airvau existait au XIe siècle.

En effet, lorsque, le 7 décembre 1099, Herbert II, vicomte de Thouars, fit faire par Pierre II, évêque de Poitiers, la dédicace du prieuré de Saint-Nicolas, que Aimery son père avait fondé à la Chaize-le-Vicomte et donné à l'abbaye de Saint-Florent, il réunit tous ses vassaux pour ajouter à l'éclat de cette brillante cérémonie, et demanda à chacun d'eux de contribuer de ses dons à enrichir la maison de Dieu.

Nous voyons donc comparaître à cet acte solennel tous les possesseurs des grands fiefs qui relevaient immédiatement du vicomté, et, mêlé aux noms des puissants seigneurs de Montaigu, de Parthenay, de Doué, d'Argenton, de Bressuire, de Mauléon, d'Aspremont, de la Garnache, etc., etc., nous trouvons celui de Simon d'Airvau placé entre les barons de Parthenay et de Doué, et dont l'aumône s'élève à *dix sols d'or de cens annuel*.

Quel était donc ce Simon d'Airvau? N'était-il qu'un simple châtelain préposé à la garde du fief? Mais le rang qu'il occupe parmi tous ces hauts barons et la richesse de son offrande [1] ne permettent pas de s'arrêter à cette pensée.

La terre d'Airvau était-elle donc déjà sortie de la maison de Thouars? Mais, un siècle plus tard, nous voyons

---

[1] L'offrande d'Ebbon, le puissant seigneur de Parthenay, était également de 10 sols d'or.

le vicomte Aimery V faire un acte de souveraineté directe, qui témoigne qu'elle faisait toujours partie de son domaine.

Nous ne pouvons donc nous arrêter qu'à cette seule idée, que Simon d'Airvau était lui-même membre de la famille des vicomtes de Thouars, et que lui ou ses auteurs avaient pris le nom de leur partage, qui plus tard revint dans la main du vicomte par jouissance de fief, le seigneur étant mort sans postérité.

De nombreux exemples justifient cette conjecture, et cette coutume, en vigueur à ces époques reculées où les noms patronymiques n'étaient point encore en usage, a enveloppé d'une obscurité impénétrable l'origine de bien des familles [1].

Nous ne pouvons concilier autrement l'existence de Simon d'Airvau en 1099 avec le passage de cette terre, deux siècles environ plus tard, dans la famille de Chausseroye, par une alliance avec la maison de Thouars.

Un acte de 1188, par lequel le vicomte Aimery V concède un droit de justice à l'abbaye, confirme encore notre manière de voir. En effet, si dès cette époque cette terre fût sortie du domaine privé des vicomtes,

---

[1] Quelques familles existantes témoignent encore aujourd'hui de l'usage où l'on était fréquemment alors d'adopter exclusivement le nom de son fief en délaissant le nom de ses aïeux ; et pour ne parler que de noms du Poitou, ou qui se rattachent à cette province, nous citerons les La Rochefoucauld, les Couhé de Lusignan et les comtes de Bessay, tous sortis de la grande famille des Lusignan.

Nous devons avouer cependant qu'en rédigeant la filiation des vicomtes de Thouars pour notre *Dictionnaire des familles de l'ancien Poitou*, nous n'avons remarqué aucun fait duquel on puisse inférer qu'un membre de cette maison ait suivi cet usage.

le nom du seigneur immédiat, du propriétaire réel, se fût trouvé sans aucun doute mêlé à ceux des signataires de l'acte. Il eût été présent, il eût consenti, ou il eût protesté contre cette extension de pouvoir accordée à cette puissance rivale. Cependant, parmi les noms laïques qui figurent au bas de cette charte, nous n'en trouvons aucun revêtu de ce titre; la terre d'Airvau appartenait donc bien toujours à ses anciens maîtres.

Son rôle, jusqu'ici fort paisible, va s'agrandir quelque peu, et son nom figurer dans les récits de ces guerres acharnées qui signalèrent la fin du XIIe et le commencement du XIIIe siècle, guerres qu'allumèrent entre l'Angleterre et la France les haines nationales, dont les feux, qui brûlaient encore il y a à peine quelques années, semblent maintenant éteints.

Philippe-Auguste, le prince conquérant et civilisateur de son époque, rencontra en Poitou, partout et toujours, levée contre lui la bannière des vicomtes de Thouars, comme l'a dit l'un de nos collègues. Ces grands vassaux voyaient approcher avec crainte le moment où, soumis à la couronne de France, ils auraient près d'eux un maître, tandis que sous la domination anglaise ils vivaient pour ainsi dire indépendants.

Les monarques anglais, dans leurs courtes apparitions sur le continent, redoutaient leur pouvoir, et les ménageant comme des alliés nécessaires, comme un soutien assuré, se conduisaient envers eux plutôt en égaux qu'en suzerains.

Les victoires du roi de France abattaient bien de temps à autre l'audace de ces adversaires parfois vaincus, jamais domptés. Mais, à peine renversés, ils puisaient de nouvelles forces dans cet esprit de nationalité qui faisait considérer aux Poitevins les Francs comme des conquérants avides, et envisager la lutte pour les princes anglais comme la défense des droits légitimes des héritiers de leurs anciens comtes. Les chants des deux Bertrand de Born étaient encore vibrants, et, à la voix du vicomte de Thouars, le Poitou se levait et secouait le joug des hommes du Nord.

Fatigué de ces guerres incessantes, de ces batailles sans trêve, de ces combats sans merci, Philippe-Auguste voulut abattre (1207) une bonne fois cette hydre sans cesse renaissante, et, frappant un grand coup, écraser la puissance anglaise dans la personne de son plus acharné défenseur.

Le vicomte de Thouars ne céda pas sans combattre à cette redoutable épée contre laquelle vint se briser, sept ans plus tard, la moitié de l'Europe dans les champs de Bouvines. Mais, lâchement abandonné par le frivole Jean Sans-Terre, qu'il avait tant de fois secouru, voyant ses villes (Airvau entre autres) prises, ses forteresses ouvrant leurs portes à ce torrent dévastateur qu'il n'était plus en son pouvoir d'arrêter, et qui menaçait de l'engloutir lui-même, il demanda grâce, et, quelle que fût sa répugnance, il se soumit. Philippe-Auguste n'abusa pas de sa victoire; il n'exigea du vicomte (Aimery VI) qu'un serment de fidélité qui fut bientôt oublié, lui rendit ses possessions, et vola à de nouveaux combats. Le récit des événements qui agitèrent les années suivantes nous entraînerait hors de notre sujet.

En 1229, Hugues Ier, vicomte de Thouars, confirma à l'abbaye de la Blanche [1] le don de 27 setiers de froment

---

[1] Fondée ou plutôt transférée, en 1205, de l'îlot du Pilier, que la mer

sur le fromentage [1] d'Airvau, qu'il lui avait fait avant son élévation sur le trône vicomtal. Cette donation, mentionnée dans des bulles du pape Grégoire IX du 8 août 1235, fut confirmée par le vicomte Aimery, neveu du donateur (1246), et c'est le dernier acte dans lequel nous voyons intervenir les vicomtes de Thouars comme seigneurs immédiats d'Airvau.

§ III.

Comment donc cette seigneurie sortit-elle de la maison de Thouars? Nous n'avons rien de précis à offrir, et nous en sommes réduit à nous appuyer sur la foi d'un mémoire à consulter produit dans un de ces nombreux procès dont nous parlions il n'y a qu'un instant. Nous y lisons : « La terre d'Oyrvault est un partage de la maison de Thouars qui fut donné à une fille en mariage, sous la condition de la tenir de la terre de Thouars à hommage lige et devoir de rachapt à mutation de vassal. » Et plus loin, au sujet d'une litre funèbre qui régnait autour de l'église, et dont les écussons étaient « burelés d'argent et d'azur avec trois tourteaux rouges, que l'on nomme de gueules, » les abbé et religieux et le procureur fiscal de l'abbaye, ayant été appelés, ont répondu que « ce sont

envahissait, dans l'île de Noirmoutiers, où elle subsista jusqu'à la révolution de 1793

[1] Ce droit de fromentage consistait en un certain nombre de boisseaux de blé (mesure de Thouars), que prélevaient les vicomtes sur toutes les charrues, tous les attelages et cultivateurs à bras de leurs immenses domaines : ainsi chaque charrue à bœufs devait 21 boisseaux de froment, si l'exploitant était roturier; 11 seulement, s'il était noble; chaque attelage à ânes lui en devait 9, et tout cultivateur à bras, 6.

les armes de la maison qui se nommait de Chausseroye, de laquelle famille les seigneurs d'à présent descendent. »

Cela est assez explicite ; les deux parties avaient sans doute sous les yeux, pour être d'accord sur ce point important, des documents précis et positifs, que le malheur des temps a fait disparaître. L'une d'elles, l'abbaye, avait cependant tout intérêt à contester la véracité de cette assertion, car admettre que les Chausseroye étaient les héritiers du sang et les représentants directs et naturels des vicomtes de Thouars, c'était acquiescer, comme nous le verrons plus tard, à la ruine complète de ses prétentions. Il fallait donc que ce fait fût tellement connu, si bien appuyé de preuves, que le révoquer en doute eût été folie, le contester impossible.

Nous ne devons pas, nous qui ne sommes guidé que par l'amour de la vérité, le seul et vrai flambeau de l'histoire, nous ne devons pas, disons-nous, nous montrer plus rigoureux que les révérends abbé et religieux, en matière de preuve ; nous admettrons donc dans toute leur étendue les faits reconnus pour vrais par les parties les plus intéressées à en contester et révoquer en doute l'existence ou la véracité.

La généalogie des vicomtes de Thouars et les divers auteurs qui ont écrit sur cette maison sont muets sur Marie de Thouars. Aucun d'eux ne mentionne son alliance ; cependant nous croyons qu'elle eut lieu de 1246 à 1294. A cette dernière époque, Airvau avait positivement changé de maître ; son seigneur était Geoffroy de Chausseroye.

La famille de Chausseroye, qui s'allia à la plus noble et la plus puissante maison de notre Poitou, devait elle-même sortir sans doute d'une source des plus pures, et avoir vu consacrer son écu par d'éclatants services.

Cependant nos investigations pour arriver à la découverte de son origine ont été vaines, et nous aimons mieux croire que le récit des hauts faits des aïeux de Geoffroy s'est perdu dans la nuit des siècles, que d'admettre que Marie de Thouars n'eût épousé qu'un anobli.

Les deux seuls personnages vivant avant 1240 que nos recherches nous aient fait découvrir sont un Aimery de Chausseroye, chanoine de Mirebeau, qui était en 1213 présent à une donation que l'on faisait à son chapitre, et un Pierre de Chausseroye, membre du corps de ville de Poitiers, lorsque saint Louis vint installer son frère Alphonse, comte de Poitou. Ces deux existences ne sont rien moins que princières, et rien ne dénote le subit essor que cette maison allait prendre en s'alliant aux puissants vicomtes de Thouars, qui n'avaient pas craint de soutenir à eux seuls la guerre contre le roi de France, et avaient pu, suivis de leurs seuls vassaux, faire reculer en bataille rangée l'héritier du trône.

Le nom de l'époux de Marie de Thouars ne nous est pas connu d'une manière positive; c'est peut-être le même que le Geoffroy de 1294, qui ne devait être qu'un seul et même individu avec un Geoffroy de Chausseroye, lequel, réuni en 1267 aux principaux barons du Poitou appelés par le comte Alphonse pour réglementer la mutation des fiefs pendant la croisade, signait avec eux la charte des rachats.

Ce même Geoffroy était, avec Sebrand Chabot, constitué pour pleige de Savary, vicomte de Thouars (1269).

Pour que le descendant (ou le parent tout au moins) du bourgeois de Poitiers en 1245 pût prendre place parmi les plus fiers seigneurs de la province, et être admis pour caution d'un homme tel que le vicomte de Thouars, il fallait qu'il eût bien grandi lui-même. Cela nous porterait donc à croire que ce fut lui qui, par son mariage avec Marie de Thouars, devint seigneur d'Airvau, terre considérable qui pouvait, par l'importance qu'elle donnait à son possesseur, lui permettre de marcher de pair, sauf de rares exceptions, avec les premiers nobles du Poitou.

Nous n'avons plus qu'une courte période à franchir pour pouvoir préciser d'une manière certaine l'époque à laquelle un Chausseroye possédait cette terre, de quelque manière qu'elle lui fût advenue, soit comme époux, soit comme fils de Marie de Thouars.

Le mémoire à consulter, qui nous a fourni déjà de précieuses indications, nous donne encore celle-ci en mentionnant une « transaction en latin passée entre Geoffroy de Chausseroye, chevalier, seigneur d'Oyreveau, et l'abbé et couvent dudit lieu, sur le droit de justice dudit lieu, le mardi d'après le dimanche de *Lœtare* 1294. » C'est le seul fait de la vie de Geoffroy, relatif au sujet qui nous occupe, que nous ayons pu recueillir. Cependant, si l'on veut bien admettre avec nous la vérité de nos suppositions relatives à l'élévation de cette famille, nous dirons que Geoffroy, par son mariage, fut le premier de son nom qui devint seigneur d'Airvau.

Guyard de Chausseroye fut le successeur de Geoffroy et devait être son fils, car, selon la loi des fiefs, Airvau, n'étant venu aux Chausseroye que par mariage, aurait fait retour à la vicomté, s'il n'y avait eu des enfants issus de cette union.

Guyard ne nous est connu que par un acte qui nous apprend qu'il était mort dès avant 1329, car à cette époque son fils, nommé Guyard comme lui, était mineur et sous la tutelle de Geoffroy Normandet, chevalier, qui passait un bail, au nom de son pupille, avec Aimery Isembert et Pierre Mignot, clerc, le dimanche de la *Quasimodo* de cette année 1329.

Dans ce titre, Guyard II est dit héritier d'un Simon de Chausseroye, sans que nous ayons pu retrouver le degré de parenté qui les unissait l'un à l'autre. Tout ce que nous savons sur ce Guyard, c'est qu'il vivait encore en 1345, et que, le jeudi avant la Madeleine de cette année, il recevait un aveu à foi et hommage lige de Guillaume Gourbeillier, pour raison de la borderie herbergée du Plessis-Neuf.

Cet aveu est scéllé du scel des Chausseroye. Le premier titre que nous ayons sur Payen de Chausseroye (le fils peut-être, mais au moins le successeur de Guyard II) est daté du 10 octobre 1358, et le dernier de 1380. Nous retrouvons encore ici notre mémoire à consulter et ses utiles indications :

« Le 8 avril 1362, dit-il, il y eut une transaction entre les abbé et religieux et messire Payen de Chausseroye, seigneur d'Oyreveau, par laquelle il fut reconnu que l'abbaye n'avait aucuns droits à une juridiction ni à une chastellenie à Airvau. »

Payen de Chausseroye, en fidèle vassal, avait dû suivre les mêmes bannières que le vicomte de Thouars son suzerain [1], et l'on sait quelle résistance acharnée ce der-

---

[1] Nous nous servons plutôt de la désignation de seigneur *suzerain*, comme étant plus connue, que de celle de seigneur *dominant*, bien que cette dernière soit, dans l'espèce, la seule qui devrait être en usage. *En pur langage féodal*, le seigneur suzerain était le dominant du dominant; ainsi, le suzerain du seigneur d'Airvau, qui portait son hommage à

nier opposa aux progrès des Français, bien qu'ils fussent guidés par du Guesclin.

La vicomté de Thouars avait changé de maître. Deux faibles femmes, dernières représentantes de cette longue suite de hauts barons, avaient porté dans les maisons de Craon et d'Amboise cet immense héritage, ces nombreuses terres, ces vastes possessions qui avaient rendu ces fiers vicomtes les plus puissants seigneurs de nos contrées. Mais la même politique animait Amaury de Craon, l'époux de Péronnelle de Thouars. Préférant un maître résidant par delà les mers à un roi dont le bras n'avait qu'à s'étendre pour l'atteindre, il soutint jusqu'au dernier moment le parti de l'Angleterre, et Thouars était du petit nombre des villes du Poitou sur lesquelles flottait encore l'étendard des fils d'Albion.

Mais l'aigle du connétable du Guesclin devait poursuivre jusque dans leurs derniers repaires les léopards d'Edouard III. La maladie du Prince-Noir avait privé le vieux monarque du seul homme qui pût lutter avec avantage contre ce redoutable Breton. Les temps étaient venus où, terre française pour jamais, le Poitou devait rejeter de son sein ces insulaires auxquels il avait donné des rois; les temps étaient venus, et, le 29 septembre 1372, Amaury de Craon, suivi de ses nombreux vassaux, parmi lesquels nous voyons le seigneur d'Airvau et les nobles poitevins, qui étaient jusqu'à la fin restés fidèles au drapeau anglais, ouvrit les portes de sa ville vicomtale à du Guesclin.

Thouars, était le roi, qui recevait l'hommage du vicomte, et ce dernier n'était que le dominant du seigneur d'Airvau.—Guyot, *Traité des fiefs*, t. III, p. 105.

Au milieu de ces scènes de guerre, il est à croire que la ville d'Airvau, située si près de Thouars, eut à souffrir de ce dangereux voisinage, à moins que, prévoyant le triomphe des Français, elle ne leur eût ouvert précédemment ses portes. Cependant la présence de son seigneur dans les rangs ennemis dut l'exposer à de tristes représailles, et il est à croire, pour qui connaît les usages barbares de cette époque, qu'elles ne lui furent pas épargnées.

Le dernier acte que nous ayons retrouvé sur Payen de Chausseroye est un aveu que lui rend, le 30 août 1380, Adam de Poiz, varlet, pour le fief d'Availles.

De son mariage avec Marguerite de la Porte [1], il n'eut que trois filles; l'une d'elles, Marie, eut en partage la châtellenie d'Airvau [2], et elle recevait, comme dame de cette terre, un aveu de la seigneurie de Vernay, le 18 novembre 1383. Elle était dès lors épouse d'Amaury de Liniers, chevalier, seigneur de Liniers, la Meilleraye, Saint-Pompain et Airvau du chef de sa femme. Il recevait un aveu de Gilles de Couange, valet, pour quelques objets situés à Amaillou, le 5 mars 1391, dans lequel il est qualifié de haut et puissant seigneur monseigneur

---

[1] Peut-être des la Porte Vézins, dont les biens, situés sur les marches du Poitou, de l'Anjou et de la Bretagne, avoisinaient les propriétés des Chausseroye.

[2] Le partage des biens de Payen de Chausseroye et de Marguerite de la Porte n'eut lieu que le 7 avril 1426. Les copartageants étaient : Jean de Villeneuve, chevalier, à cause de feu OEnor de Chausseroye, son épouse ; Yves de Saint-Mars, écuyer, à cause de Madeleine-Catherine de Chausseroye, sa femme, et enfin Louis Chenin, chevalier, seigneur de l'Ile-Bapaume, à cause de Marie de Chausseroye, sa femme, veuve en premières noces d'Amaury de Liniers.

Amaury de Liniers, seigneur d'Oyreveau, et, le 2 septembre suivant, il rendait aveu à Jean, vicomte de Thouars, étant en son château d'Oyron. Le dernier acte qui le concerne est du 9 décembre 1398. Après sa mort, Marie épousa Louis Chenin, chevalier, seigneur de l'Ile-Bapaume, et dut décéder de 1438 à 1440. Bien qu'elle eût eu des enfants de l'un et l'autre lit, ce furent les de Liniers qui devinrent possesseurs d'Airvau.

§ IV.

Jean, dit Maubruny de Liniers, le fils aîné de Marie de Chausseroye, lui succéda. Pendant les premières années de sa vie, il fut l'un des plus dévoués défenseurs de la domination anglaise. Ainsi nous le voyons accompagner en 1369 messire Charles d'Andelée dans son expédition contre le baron de Chauvigny, qui venait de répudier le parti de l'étranger pour embrasser celui de la France. La même année, il était au nombre des guerriers qui combattaient au pont de Lussac, où le brave Jean Chandos reçut la mort d'une lance poitevine [1].
Témoin de la bataille navale que le comte de Pembrock, chef de l'armée que l'Angleterre envoyait renforcer ses troupes repoussées par l'épée de du Guesclin, soutenait contre Yvain de Galles et les Castillans, il ne put voir le danger des Anglais sans voler à leur secours. Ils furent vaincus, et il partagea leur captivité. En 1386,

---

[1] Ce fut Jacques de Saint-Martin (des Saint-Martin de Bagnac, famille encore existante) qui blessa à mort ce grand homme. Lui-même, ayant eu les deux cuisses percées d'un coup d'épée, mourut à Poitiers, deux jours après, des suites de ses blessures.

il accompagnait le duc de Lancastre marchant à la conquête de la couronne de Castille, sur laquelle il prétendait avoir des droits; il fut l'un des trois chevaliers que ce duc, voyant son armée décimée par les maladies, envoya vers le roi de Castille, pour réclamer de son humanité des soins pour ses malades; et si l'on en croit Froissart, il serait mort à Noye (1387), laissant la réputation *d'un moult et appert chevalier*. Grâce à Dieu, il n'en fut point ainsi, et c'est encore de notre Maubruny qu'il parle, lorsque, retraçant les faits d'armes des Français qui accompagnèrent le duc de Bourbon dans son expédition avec les Génois contre les pirates de Tunis en 1390, il nous dit *le sire de Liniers à bannière*. Plus heureux que quelques-uns de ses compatriotes, Maubruny revint encore sain et sauf de cette campagne, dans laquelle un grand nombre de chevaliers perdirent la vie par l'inclémence du climat ou les armes des Arabes.

Le sire de Liniers à bannière : arrêtons-nous un instant sur ces quelques mots, pour bien faire connaître en quelle estime devait être Maubruny de Liniers, et quelle haute position lui conférait la possession d'Airvau.

Le droit de porter bannière était un droit envié; les plus braves chevaliers et les plus puissants seigneurs pouvaient seuls déployer devant l'ennemi un étendard *carré* sur lequel étaient brodées leurs armoiries [1]. Les

[1] Lacurne Sainte-Palaye, *Mémoires sur l'ancienne chevalerie*. « ... Et peut le seigneur comte, vicomte ou baron,... porter *bannière*, qui est à dire que le comte, vicomte ou baron peut, en guerre ou armoirie (tournois), porter ses armes *en quarré;* ce que ne peut faire le seigneur chastelain, lequel seulement les peut porter en forme d'écusson. — *Cout. du Poitou*, art. 1.

Quelques familles ont conservé, comme un pieux souvenir de la pennons des autres chefs de guerre étaient ou taillés en queue d'hirondelle, ou même ne consistaient qu'en de simples flammes armoriées fixées à la hampe de la lance.

Mais, outre le courage et la valeur, il fallait que le chevalier banneret eût de vastes possessions, et que sous sa bannière un corps nombreux d'hommes d'armes et d'archers fût prêt à combattre pour lui conquérir los et renommée, ou à mourir pour le défendre. En un mot, pour porter bannière, il fallait être tout à la fois preux chevalier et puissant baron.

Quelle fut la conduite de Maubruny dans les guerres désastreuses des Bourguignons et des Armagnacs, qui couvrirent notre malheureux pays de tant de sang et de tant de ruines? Nous l'ignorons; mais l'esprit militaire qui animait Maubruny nous porte à croire qu'il ne resta pas inactif dans ces critiques circonstances, et, d'après l'opinion dominante parmi la noblesse poitevine, et le parti qu'elle suivit en général, nous aimons à croire que, fidèle à son devoir, il se rendit à l'appel de l'honneur, et fut l'un de ceux qui acclamèrent Charles VII dans l'enceinte du palais de Poitiers.

En outre des motifs tirés de l'entraînement général qui jeta nos provinces entières à la suite de la blanche bannière de la Pucelle, deux faits spéciaux à Maubruny nous portent à croire qu'il ne resta pas en arrière au milieu de cet élan général. Outre qu'en 1438 nous le trouvons qualifié de conseiller et chambellan du roi, dignité qui, nous aimons à le supposer du moins, ne fut que la juste récompense de services éminents, nous voyons, le

---

grandeur de leurs ancêtres, l'usage de porter leur écu en bannière. La famille *de Nuchèze* est la seule dans notre province qui l'ait conservé.

28 mars 1435, Geoffroy Taveau, chevalier, seigneur de Mortemer, frère de Sibylle Taveau, épouse de Maubruny, constituer en sa faveur une rente de 60 royaux d'or au capital de six cents royaux d'or de 64 au marc, hypothéquée sur la terre de la Vergne, dans la châtellenie de Chastel-Achard, pour l'indemniser des sommes considérables qu'il avait payées pour sa rançon et celle de ses otages, rançons pour lesquelles Maubruny avait été obligé de vendre ses terres de Bedon, des Bois, du Peu, de la Fuchelière, et la dîme du Bouchet.

Le 30 mai 1429, Maubruny avait fait un traité avec religieuse et honorable personne frère Guimard, humble prieur de la Maisondieu de Parthenai. Par cet échange, ce dernier lui cédait, pour l'indemniser de cens à lui dus sur plusieurs maisons de Parthenai qu'il abandonnait à cet hôpital, les droits, profits et émoluments d'une *foire* qu'il avait droit de *lever et exercer chacun an en la ville d'Oyrveault environ le jour de saint Pierre et saint Paul.*

Quelques années après, le seigneur d'Airvau se trouva engagé dans deux contestations qui intéressaient directement sa terre. L'une d'elles se termina heureusement; quant à l'autre, elle faillit avoir pour lui et sa ville seigneuriale de funestes résultats.

Messire Geoffroy d'Albin, seigneur d'Amaillou, terre qui relevait d'Airvau, avait fait fortifier son hôtel sans le *congié et licence* de son suzerain. Nous ignorons si ce dernier employa d'autres moyens que la persuasion pour faire rentrer son vassal dans le devoir; toujours est-il que, par un acte du 1er janvier 1437, Georges d'Albin reconnut qu'il n'avait aucuns droits de chastel et de forteresse [1].

---

[1] « Suivant notre coutume (art. 3), il faut être au moins seigneur

Passons au second fait, qui touchait tout à la fois aux intérêts et à la vie publique du château, de l'abbaye et de la ville même. Nous voulons parler des violences auxquelles se porta, à l'encontre des habitants d'Airvau, la duchesse de Thouars, la très-énergique Marie de Rieux, épouse du très-faible Louis d'Amboise.

Les habitants de la ville d'Airvau, qui (ce sont les habitants qui parlent) est une belle ville champêtre, grande, spacieuse et bien peuplée, et aussi de grosse rivière et sur grands chemins publics, et où « affluent de toutes parts plusieurs marchands, pour ce que le marché y est tenu une fois par chacune sepmaine, » les habitants d'Airvau, disons-nous, de concert avec leur seigneur Maubruny de Liniers, qui, « à cause de sa dicte seigneurie d'Oyreveau, a tout droit de chastel et chastellenie, justice et juridiction, haute, moyenne et basse, avec tous les droits qui en dépendent et peuvent dépendre, sénéchal, prévost et autres officiers pour administrer justice à ses subgiez, y a aussi sceaux à contracts, fourches patibulaires, grande et petite assise, droit d'espave, guet et garde, mesures à bled et vin et tous autres droits qui peuvent et doivent appartenir à seigneur chastelain, et que, à cause de ce, ledit chevalier pouvoit et lui compétoit de son autorité faire fortifier et clore la dicte ville de murs, fossés et autres fortifications nécessaires, et qu'en ceste occasion et pour obvier aux pilleries et roberies de plusieurs routiers et gens de guerre qui souventes fois se sont logiez en la dicte ville, pillé,

---

chastelain pour avoir maison forte, et les seigneurs inférieurs, même les hauts justiciers, ne peuvent *fortifier leurs maisons sans le consentement des seigneurs chastelains*, quelques lettres qu'ils en eussent obtenu du roy. » — Harcher, *Traité des fiefs*, chap. viii, § 26.

volé et fait maux innumérables..... s'estoient ja piéça tirez par devers le roy nostre sire et de luy avoient obtenu lettres de congié de fortifier, clore et emparer la dicte ville, et par lesdictes lettres avoit été mandé et commis au sénéchal de Poictou ou à son lieutenant que se informast sur le contenu en icelles lettres, lequel, après informations deument faictes, et qu'il lui fut apparu du contenu desdictes lectres, donna licence ausdits demandeurs de faire lesdictes fortifications, laquelle ils commencèrent et tellement besoignèrent que les deux pars ou environ de la closture de murs estoit ja faicte et en ce voyant frayé et despendu bien grande chevance et plus de quatre mille livres tournois. »

En effet, le 9 décembre 1438, Jehan de la Roche, seigneur de Barbezieux, sénéchal du Poitou, rendit une ordonnance après information *de commodo et incommodo*, donnée à Poitiers sous le scel de la sénéchaussée, par laquelle, en exécution des lettres royaux datées de Blois du 4 avril précédent, obtenues par Maubruny de Liniers, que le roi qualifie de *son féal chevalier et chambellan*, les habitants d'Airvau étaient autorisés à faire fortifier leur ville de murs, tours, fossés, portes, pont-levis et autres choses nécessaires, sans qu'ils soient pour cela dispensés « du guet et garde qu'ils avoient accoustumé faire. »

Les malheureux ne pensaient guère que ces fortifications qu'ils désiraient si ardemment, auxquelles ils travaillaient avec tant d'activité, attireraient précisément sur leurs têtes les dangers qu'elles étaient destinées à éloigner, et sur leurs foyers tous les excès d'une ville prise à main armée ; car, disaient-ils, « oultre que combien que en ce fesant, ils n'eussent fait aucun déplaisir ou dommage au vicomte de Thouars, toutes voyes de fait sont défendues en ce royaume. » Mais il paraît que la vicomtesse de Thouars n'en jugea pas ainsi, et bien que ces fortifications eussent été faites avec l'agrément de Charles VII, guidée par la haine, outrée de voir que le seigneur d'Airvau était sous la protection immédiate du roi, et que sa place de chambellan, lui conférant le droit de *committimus*, enlevait à sa justice vicomtale les appels des jugements rendus par les officiers d'Airvau [1], elle rassemble ses vassaux, et, accompagnée de mille et cinq cents hommes armés, sous la conduite d'un routier nommé Adam de la Rivière, et parmi lesquels nous voyons Jean Savary, maître d'hôtel de la duchesse; Huguet de Friory, lieutenant de Thouars; René Jousseaume, chevalier; Jean de Beaumont, seigneur de Glenay; Jean de Barrou, Perceval d'Appelvoisin, Jean Videt, prévôt de Thouars, et autres seigneurs et chevaliers, elle marche sur Airvau, l'attaque, le prend de vive force, abat, renverse, détruit toutes les fortifications, et se livre à des excès de toute nature. Puis, tous les efforts dirigés contre le château par la fougueuse suzeraine ayant été inutiles, elle fit jeter tant de flèches, de pierres et d'autres projectiles dans l'intérieur, que Sibylle Taveau, l'épouse de Maubruny, dut abandonner son appartement pour éviter de graves blessures, la mort peut-être.

Cette attaque ne coïncida-t-elle point avec la *praguerie* qui éclata précisément à cette époque? Bien que l'on ne trouve point le nom du vicomte de Thouars au nombre des seigneurs qui avaient pris les armes contre le roi en faveur du Dauphin, l'on peut croire que Marie de Rieux

[1] Lettres royaux du 29 janvier 1441.

voulut profiter de la crise dans laquelle se trouvait Charles VII, pour tirer une éclatante vengeance de ce qu'elle considérait comme une audacieuse usurpation de pouvoir de la part de son vassal.

Pareille occurrence, quelque soixante ans auparavant, eût été le signal d'une prise d'armes ; le vassal, soutenu par ses parents et ses amis, eût usé de représailles, et des flots de sang eussent coulé ; mais il n'en fut point ainsi, soit que les esprits eussent commencé à se sentir las de batailles et que les plus avides de gloire militaire fussent rassasiés de combats ; soit, et c'est ce qui est le plus probable, que le seigneur d'Airvau craignît de s'adresser à trop forte partie en répondant au fer par le fer, tandis que la protection du roi, dont l'honneur était intéressé à soutenir son chambellan et à maintenir l'exécution de ses ordres, lui était acquise. Il en appela d'abord de Marie de Rieux à Marie de Rieux elle-même, ou plutôt à ses officiers de justice. Mais la crainte ou tout autre motif les ayant empêchés de faire droit à sa requête, il s'adressa au roi. Nous ne pouvons autrement nous expliquer les lettres royaux données à Niort le 29 janvier 1441, qui autorisent le seigneur d'Oyreveau à appeler de la sentence du châtelain de Thouars, et de l'ajourner aux jours de la sénéchaussée de Poitiers, au prochain parlement. Toujours est-il qu'il déposa sa plainte au pied du trône, et que, par lettres royaux du 29 mars 1441, et scellées du scel ordinaire à défaut du grand, Marie de Rieux, vicomtesse de Thouars, et ses adhérents, furent ajournés au parlement et déclarés, faute par eux de comparaître, bannis et censés convaincus du délit. La vicomtesse seule fut exceptée de la sévérité de cette mesure. Le parlement, fidèle au rôle d'impartialité qui fut son plus beau titre, envoya, pour informer les conseillers, Jehan de Sauzay, Jehan Bleis, Guillaume Barthélemy et Mathurin de Nanterre.

En voyant faire cet appel à la justice pacifique du pays, au lieu d'avoir recours à la force brutale, l'observateur impartial peut s'écrier : la féodalité se meurt! qu'il attende quelques années encore, et il pourra dire : la féodalité est morte. Louis XI allait monter sur le trône.

La vicomtesse de Thouars ne voulut ou n'osa décliner la compétence du parlement ; elle s'efforça au contraire de légitimer les motifs qui l'avaient fait agir, de justifier la brutalité de son attaque, et fit valoir pour sa défense : « que le vicomte de Thouars est seigneur de plusieurs grandes et belles terres et seigneuries en la vicomté de Thouars, et en icelles avoit plusieurs hommes de foi, et que le lieu principal et chief de la dicte vicomté est la ville de Thouars, et que, entre les autres terres situées et assises en ladicte vicomté, y estoit le bourg et village dudict lieu d'Oyreveau, duquel il avoit tout droit de justice et juridiction, haute, moyenne et basse, avec tous droits de chastellenie, et que tous les hommes et habitans audit lieu et village sont sujets et justiciables dudit vicomte, et de tout temps ont iceux habitans accoustumé de obéyr aux assises dudit lieu de Thouars, et aussi ledit messire Maubruny, religieux et autres demandeurs y obéissent de jour en jour, et que par ce, ledit messire Maubruny ne se pouvoit dire seigneur chastelain » Elle alléguait en outre « que, veu leur fait et plusieurs autres faiz et raisons par eux proposéz et alléguez, lesdits demandeurs ne faisoient à recevoir, ne pouvoient, ne devoient fortifier ladicte ville, et aussi que aucune provision ne leur devoit estre faicte, ne adjugée ; mais devoit estre faicte auxdits défendeurs, et qu'ils estoient en voye des absolutions, au regard de la demande desdits demandeurs, et à ces fins concluoient et demandoient despens, etc... »

Les juges-commissaires n'adoptèrent point de pareils motifs, longue paraphrase de la maxime bien connue des plaideurs malheureux : « *Les battus payent l'amende;* » et jugeant d'après l'usage en vigueur et que la rédaction de la coutume ¹ sanctionna plus tard, s'inspirant des principes qui devaient être la base de la loi qui régit notre province pendant près de trois siècles, ils dirent : « que les demandeurs pourront et leur sera loisible de clore et fermer la dicte ville d'Oyreveau de murs, portes, portaux et tourelles à ce nécessaires, pour la seureté

---

¹ « Le seigneur chastelain est fondé d'avoir chastel et chastellenie, haute justice, moyenne et basse, et peut avoir et tenir justice ou fourches patibulaires à trois piliers en tiers pied et avoir seels à contrat. (*Cout.*, art. 5.) ... Ressortissant nuement par devant le juge royal, peut user de doubles degrés de juridiction qui sont la grande et petite assise, ou d'ancienneté, ils en auroient usé (art. 4). Peut créer six notaires pour passer lettres et contrats volontaires sous leurs seels, peut aussi créer et commettre six sergens. — *Cout. de Poitou*, art. 5, 575, 585, etc., etc. »

Nous ferons remarquer encore qu'il y avait quelque peu de mauvaise foi dans les reproches du vicomte de Thouars, car il avait, en partie du moins, reconnu l'*état* de la seigneurie d'Airvau, comme le prouve un *vidimus* du 31 octobre 1442, fait à la requête de Maubruny de Liniers, les religieux et couvent et les habitans d'Oyreveau, par Maurice Claveurier, lieutenant général du sénéchal de Poitou. Ce *vidimus* est la copie d'une transaction (la date est omise) passée entre très-noble, très-puissant et très-doubté seigneur monseigneur Loys d'Amboise, vicomte de Thouars, et noble dame Marie de Chausseroye, dame d'Oyreveau, par laquelle elle est maintenue dans le droit que lui contestait le vicomte d'avoir fourches patibulaires à trois piliers.

d'eux et de leurs biens, selon la forme et teneur de l'octroi à eux faict par le roi, par manière de provisions durant le procès, jusqu'à ce que par la dicte cour ou par nous en sera autrement ordonné, en baillant par lesdits demandeurs caution et obligation de tous et chacuns leurs héritages, de démolir lesdites clostures, portes et tourelles on cas que a fin de cause sera trouvé que ainsi doit estre faict ; sans faire par lesdits demandeurs par le présent aucun foussé à ladicte clousture par dehors, pourveu toutes fois que cependant, si lesdits murs, portes et tourelles estoient ou les convenoit estre faictz on faictes en aucuns héritages dont les cens ou autres rentes en appartenist ausdits sieur et dame de Thouars, que lesdits défandeurs seront tenus payer chacun an iceux cens et rentes ausdits seigneur et dame de Thouars ; tous despens réservés en définitive. En témoin de ce, nous avons scellé ces présentes le 6e jour d'aoustz l'an 1445..... Et il soit ainsi que pour ledit appoinctement donné par lesdicts commissaires..... Et pour ce aujourd'hui personnellement établis en droit... c'est à sçavoir ledict noble messire Maubruny de Liniers, chevalier, seigneur dudict lieu d'Oyreveau ; révérend père en Dieu, messire Pierre Léal, docteur en droit canon, abbé de ladicte abbaye ; frère Pierre Saulguet, prieur de cloistres de ladicte abbaye ; Jean Pouss., prieur de St-Hiérosme ; Guillaume Riou, sacristain ; Aimery Bernard, infirmier de ladicte abbaye ; Nicolas Savary, chapelain de Saint-Jacques, et Jehan Reversé, bachelier en droit, ceux disants la plus grande et saine partie dudit couvent ; Jacques et Moillet de Fontbernier, Mathieu Blaud, écuyer ; maistre Nicolas Acton, licencieux (*sic*) ès-loix, Jehan Duyno, Jehan Belair l'aîné, Jehan Morca, Colas le Bascle, Jehan Goulart, Massé de Lassay, Simon Chivant, Pierre Coursier, Guillaume Prévost, Mathé Jacquet, Simon Prévost, Jehan Bernard, Jehan Depois, Pierre Gaudun, Jehan Bonnet, André Piffre, François Girard, Jehan Bondault, Thomas Audigier, Jehan Ogier, Jehan Estot, Jehan Petitgars, Jehan Guillart l'aîné et Pierre Archemont, ceux disens la plus grande et saine partie quant à ce des manans et habitans en ladicte ville d'Oyreveau, lesquels et chascun d'eux de leur bon gré..... promettent par ces présentes..... et même ledit Révérend et couvent..... sous l'obligation de tous et chascuns leurs héritages, de démolir lesdictes clostures, portes et tourelles emprès ce qu'elles seront faitz, on cas que afin de cause sera trouvé que ainsi doye estre fait..... En témoin desquelles choses... Fait et donné le 23 septembre 1445. »

L'affaire n'en resta pas là. La vicomtesse s'étant vantée de mettre empêchement à l'exécution de l'appointement obtenu par les suppliants, le roi expédia de nouvelles lettres patentes au sénéchal de Poitou, par lesquelles il lui enjoint de tenir la main à ce que les habitants ne soient plus troublés dans leurs travaux, jusqu'à ce que le procès soit jugé au fond. Comment tout cela finit-il? Nous ne pouvons en préciser l'issue, mais nous la pouvons facilement prévoir. Le seigneur d'Airvau eut gain de cause; la couronne avait trop à craindre de la puissance du vicomte de Thouars, pour ne pas saisir avec empressement l'occasion qui se présentait d'amoindrir son influence et d'habituer ses vassaux à trouver dans le roi un protecteur contre les abus, un défenseur contre d'injustes prétentions. Ce fut pendant longues années le plan de conduite de la royauté, sa politique constante.

Au surplus, le moment était favorable. Le vicomte

Louis d'Amboise, enlacé dans les liens de honteuses amours, usait dans les débauches les dernières années d'une vie dont les commencements présageaient de plus heureux jours, une plus noble fin.

Les documents précis nous manquent donc; mais les fossés à demi comblés, les pans de murailles qui s'élèvent encore çà et là, témoignent bien que la ville d'Airvau a voulu, malgré sa situation désavantageuse dans le fond de la vallée, se parer d'une ceinture de fortifications. Mais ces travaux de défense, plus propres à imposer à l'ennemi qu'à le repousser efficacement, à quelle époque ont-ils été élevés? Ce qui pourrait nous porter à croire qu'ils datent de cette période, c'est que, dans des lettres patentes du mois de mars 1548, le roi Henri III, en accordant un marché tous les lundis à la ville d'Airvau, reconnaît et constate qu'elle est « close de fort anciennes murailles. » Ce doivent bien être celles que les habitants furent autorisés à relever provisoirement, et le parlement ratifia sans doute l'arrêt de ses commissaires.

Maubruny ne survécut que peu d'années au gain de ce procès, si même il en vit l'heureuse issue. Les dernières pièces qui le concernent sont du mois de mai 1452. Il devait être alors âgé de près de cent ans, car nous l'avons vu portant les armes dès 1369, et peut-être n'en était-il pas même à sa première campagne. Durant sa longue carrière, il avait vécu sous des règnes bien différents; jeune encore sous Charles le Sage, son âge mûr s'écoula pendant le règne de Charles l'Insensé, et sa vieillesse sous celui de Charles le Victorieux. Il vit tour à tour l'étranger battu, triomphant, repoussé; le royaume heureux, misérable et marchant vers un avenir meilleur, arrivant au règne de Louis XI, qui mit les rois hors de page, secoua le joug des grands vassaux, qui avaient si souvent asservi ses prédécesseurs, fit que la royauté toute-puissante pût dominer ses amis comme ses ennemis, et prépara cette unité de commandement, cette centralisation de pouvoir qui permit à Louis XIV de dire : L'Etat c'est moi.

Maubruny avait eu de Sibylle Taveau, son épouse, fille de Jean, chevalier, seigneur de Mortemer, et de Jeanne Pouthe, plusieurs enfants. Michel, son fils puîné [1], lui succéda.

Michel de Liniers prenait, dès 1449, le titre de seigneur d'*Oyreveau*, et recevait des aveux en cette qualité. Le 17 mars 1452, Sibylle Taveau, sa mère, agissant pour lui et en son nom, effectuait, moyennant 87 écus d'or (poids de Florence), le rachat d'une rente de 15 livres hypothéquée sur les revenus de la prévôté d'Airvau, que les seigneurs de cette ville payaient à Guillaume Gourdeau, écuyer, seigneur du Rortais.

Le 3 avril 1456, il transigeait avec les religieux, abbé et couvent de la *ville d'Oyreveau*, au sujet des limites de la juridiction. Il fut constaté que le seigneur avait tous les droits inhérents et dus à la qualité de seigneur châtelain, tels que la connaissance du crime de rapt, viol et meurtre, et l'exécution des peines corporelles, à l'exclusion de l'abbé, qui reconnaissait n'avoir droit de haute justice que dans une partie de la ville. De son côté,

---

[1] Leur fils aîné, nommé Maubruny, comme son père, était mort précédemment. Nous profitons de cette occasion pour rectifier le passage de la généalogie des de Liniers qui le concerne, dans notre *Dictionnaire des familles de l'ancien Poitou*. Induits en erreur par Froissart, nous avons attribué à Maubruny II presque tous les faits qui concernent son père.

Michel de Liniers concéda aux vassaux de l'abbaye la faculté de se racheter des guets et garde dus par chacun d'eux, moyennant 5 sols de rente annuelle, somme qui n'était que la moitié de celle que les lettres royaux lui donnaient le droit d'exiger [1].

Nous ne savons si l'abbé se montra reconnaissant de cette concession; mais plus tard ses successeurs s'en prévalurent, comme d'un aveu de leurs droits prétendus, et réclamèrent comme leur appartenant ce que leurs devanciers avaient reconnu dépendre du domaine seigneurial. Michel se réunit au ban convoqué par le roi Louis XI, et servit en qualité d'homme d'armes du seigneur de Bressuire. En cette année, ou la suivante, il dut être nommé écuyer d'écurie du roi, du moins nous le trouvons qualifié de ce titre dans des lettres royaux que lui accorda Louis XI, qui attribuaient au sénéchal de Poitou la connaissance d'un procès pendant au bailliage de Parthenai, entre lui et les habitants d'Amaillou. Ces derniers refusaient de continuer à faire au château d'Airvau les guets et garde auxquels ils étaient tenus pour la sûreté de celui d'Amaillou, avant que les fortifications n'en fussent ruinées par *les ennemis du roi, en haine de ce que les ancêtres de Michel de Liniers n'avaient voulu embrasser leur cause* [2].

[1] *Voir* cette pièce que nous donnons *in extenso*, § 8.

[2] Nous ignorons à quelle guerre ces lettres du roi font allusion; nous ne pouvons comprendre que Louis XI parle ainsi de la praguerie, dont, n'étant que Dauphin, il fut lui-même un des chefs, et la guerre du *bien public* était trop récente pour que les *ancêtres* de Michel de Liniers aient pu y résister. Cette démolition des murailles d'Amaillou ne peut non plus remonter à une époque bien reculée, car cette terre n'était que depuis peu d'années dans la famille de Liniers, et l'on se rappelle qu'en

Bien que ce transfert de devoirs eût été autorisé par le prince, le seigneur d'Airvau rencontra une vive résistance de la part de ses vassaux, qui considéraient, avec raison, cette exigence comme une aggravation de servitude à laquelle ils n'étaient point obligés par la tenure de leurs fiefs. Le seigneur, ne voulant pas user de violence et préférant la voie de la douceur, se retira de nouveau vers le monarque qui, comme nous l'avons déjà dit, l'autorisa (*pour diminuer les frais*) à ajourner les récalcitrants devant Georges de la Trémoille, chevalier, seigneur de Craon, bailli de Touraine et sénéchal de Poitou.

Le 10 juin 1474, Michel termina un long et coûteux procès qu'il soutenait, tant en son nom qu'en celui des habitants de sa ville seigneuriale, contre noble et puissant Loys Chabot, seigneur de la Grève, Marnes, etc., au sujet d'un droit appelé *commendice,* que ce dernier exigeait comme seigneur de Montcontour. Ce droit consistait en 6 livres de rente payables annuellement devant l'église d'Airvau, sur la fontaine, *en une bourse neuue ou autrement.* Le créancier n'avait que la possession (comme l'on dit au palais) pour valider le payement de cette rente ; aucun acte ne venait le justifier. Bien plus, par son testament, Geoffroy de Lusignan, seigneur de Montcontour, avait aboli tous les droits de commendice qu'on lui payait en Poitou. Et pourtant tels étaient les moyens que l'on avait alors de se faire rendre justice, qu'une demande basée sur de si légers fondements fut pour les défendeurs la source de grandes dépenses. Ce droit, du

---

1437, Maubruny contestait à Geoffroy d'Abin, qui la possédait alors, le droit d'y avoir une forteresse.

reste, les habitants ne le faisaient point remonter jusqu'au xiii° siècle, et, d'après eux, ce n'était dans l'origine qu'une contribution de guerre, un de ces tristes legs que les occupations étrangères font aux pays assez malheureux pour être contraints de les subir.

Au temps où les Anglais étaient maîtres du Poitou, disaient-ils, et où, renfermés dans Montcontour, ils désolaient de leurs incursions Airvau et les pays circonvoisins, pillant les meubles, rançonnant et faisant prisonniers les habitants, leurs ancêtres, par forme d'*apatissement*, et pour éviter de plus grands malheurs, avaient consenti à payer cette rente, qui, d'après eux, et ils n'avaient pas tort, devait avoir été éteinte par l'expulsion des étrangers du sol français. Il paraît qu'ils ne purent faire prévaloir cette opinion, et, pour éviter de plus grands frais, ils préférèrent transiger, et payèrent 110 liv. à Loys Chabot, qui leur donna décharge.

Michel de Liniers, de son mariage contracté avant 1436 avec Marie, fille de feu Jehan Rousseau, écuyer, seigneur de la Mothe-Rousseau, et de Yzeult de la Jaille, laissa cinq enfants. Jacques, l'aîné, lui succéda dans la châtellenie d'Airvau, et il prenait le titre de seigneur de ce lieu dès le 15 juin 1486. Nous pensons que rien ne le troubla dans la possession de l'héritage paternel, et que sa vie seigneuriale fut exempte des tribulations qui avaient assombri celle de son aïeul.

Le 10 juillet 1488, Jacques de Beaumont, conseiller et chambellan du roi, chevalier, seigneur de *Bersuire*, etc., lieutenant général *en pays de Poictou*, l'un des familiers du roi Louis XI, et dont le nom fut tristement mêlé à l'acte honteux par lequel ce prince *escamota* (que l'on nous pardonne ce mot qui nous paraît rendre mieux que tout autre la nature de cette spoliation) à Loys d'Amboise la vicomté de Thouars, Jacques de Beaumont, disons-nous, rendit, le 10 juillet 1488, un aveu à la châtellenie d'Airvau, pour raison d'objets sis à Saint-Généroux, qu'il tenait de la générosité du roi, qui les avait confisqués sur messire Martin des Bretresches, pour cause de forfaiture. Ce fut sans doute le prix de la complaisance coupable du sujet aux ordres arbitraires de son souverain.

Le 6 janvier 1491, Jacques de Liniers amortit, moyennant 80 écus d'or, poids de Florence, valant 27 sous 6 deniers tournois, une rente de 8 setiers de blé (trois de froment, trois de seigle et deux de baillarge, mesure d'Oyreveau), constituée par son père, pour faire l'acquisition du fief Fraigneau et autres objets sis à Airvau.

Le 26 novembre suivant, il se rendit en qualité d'homme d'armes au ban convoqué par les ordres de Louis XI, et servit sous les ordres de Jacques de Beaumont. Enfin, le 4 novembre 1493, il rendit hommage à Louis de la Trémoille, vicomte de Thouars, de sa châtellenie, terre et seigneurie d'Airvau.

Par un acte en latin, du 3 juillet 1498, Jacques de Liniers, sa mère, ses frères et sœurs reçurent de l'official de l'évêché de Maillezais la permission de se faire absoudre une seule fois à l'article de la mort, par tout prêtre séculier ou régulier, de toute excommunication, censure, meurtre, adultère, imposition de mains sur les ecclésiastiques, de manger du beurre et du fromage le carême, etc....., signée *de mandato domini officialis et vicarii Mulleacensis*..... Louis.

Ces priviléges, que nos mœurs sceptiques et railleuses nous font accueillir avec un sourire moqueur, quand nous en trouvons trace dans l'histoire, témoignent de l'ardente piété de nos pères et de la simplicité de leur foi. Ils étaient ambitionnés avec ardeur et reçus avec reconnaissance. En général, ces avantages, accordés en vue de l'intérêt futur des âmes par les puissances spirituelles, n'étaient concédés qu'en échange de services temporels rendus à l'Eglise par les barons séculiers.

Nous retrouvons Jacques de Liniers en 1515 (26 mai), transigeant, pour éviter *des dissensions prêtes à s'allumer*, avec Simon Pidoux, abbé et aumônier de l'abbaye d'Airvau, qui percevait, en qualité d'abbé, le droit de trois foires tenues dans cette ville, et celui d'une quatrième, comme aumônier. Jacques lui acheta ces droits moyennant la somme de 120 livres tournois, et fut déchargé en outre d'une rente de 3 setiers de froment et de 25 sols tournois, et, de son côté, l'abbé lui donna la somme de 200 livres tournois pour amortir la rente annuelle et perpétuelle de deux pipes de vin qu'il payait à noble homme Léon de Sainte-Maure et Anne d'Appelvoisin, son épouse, seigneur et dame de Pugny, neveu et nièce du seigneur d'Airvau [1].

Le 23 mars 1519, Jacques de Liniers était mort, et Renée de Karaleu, sa veuve, fit avec Antoine de Vuen, infirmier de l'abbaye, pendant le rachat de la châtellenie d'Airvau, obvenu au vicomte de Thouars par le décès de son épouse, un échange par lequel elle acquérait le *levage* du vin vendu et enlevé dans la ville d'Airvau, consistant en quatre deniers par chaque vaisseau de vin,

---

[1] Anne d'Appelvoisin était fille de Guillaume, seigneur de Pugny, et de Yseult ou Olive de Liniers, sœur de Jacques ; ils s'étaient mariés le 29 janvier 1478.

tant gros que menu, que les prédécesseurs de l'infirmier avaient l'habitude de lever à cause de leur charge, et en contre-échange elle lui remit 15 sous sur la rente de 30 sous de cens ou de rente assise sur un pré situé entre Louin et Champeaux, qu'il payait par le même motif au seigneur d'Airvau, à chaque fête de Noël.

Des cinq enfants de Jacques de Liniers et de Renée de Karaleu, ses deux aînés, Plotart et Maubruny, moururent probablement jeunes ; Gilles, le troisième, ne survécut que peu d'années à son père, et nous parlerons des deux filles, Louise et Marguerite, après le peu de lignes que nous avons à consacrer à leur frère.

Gilles de Liniers, et c'est le premier acte que nous connaissions de lui, rendit, le 15 septembre 1520, hommage de sa terre et seigneurie d'Airvau au château de Thouars.

Parmi les seigneurs qui se portèrent garants du traité de paix conclu le 18 août 1527 entre les rois François Ier et Henri VIII, nous voyons un *dominus de Liniers*, que cette famille revendique comme l'un de ses membres. Si vraiment ce seigneur est de cette maison, ce doit être celui dont nous nous occupons, car la branche d'Airvau est sans contredit celle qui jusqu'alors avait eu le plus d'illustration.

Un autre motif nous fait adopter volontiers cette opinion. La terre d'Airvau, qui jusqu'alors, malgré son importance, n'avait rang que de simple châtellenie, fut, vers cette époque, érigée en baronnie ; l'époque de cette érection ne nous est pas connue d'une manière précise, mais elle dut avoir lieu vers ce temps-là, car la première fois que nous ayons trouvé le titre de baron substitué à celui de seigneur châtelain est dans un aveu rendu, le

22 septembre 1529, par Jacques de Clérembault, vicomte de Grandmont-Roueau.

Nous pensons donc que cette coïncidence pourrait faire croire que c'est notre seigneur d'Airvau qui eut l'honneur d'intervenir dans cette solennelle circonstance, et que ce titre de baron ne fut accordé à sa terre que pour relever encore la haute position qu'il occupait déjà ; ces considérations, nous le confessons, ne reposent sur aucunes bases certaines, mais l'on conviendra que le vraisemblable peut se trouver vrai, si quelquefois le vrai n'est même pas vraisemblable.

Le dernier acte dans lequel intervint Gilles de Liniers est une requête que lui présenta dame Bernardine Arembert, veuve de Louis Robin, seigneur de Rochevineuse, pour qu'il lui concédât un banc dans l'église de Neuvy, dont il était fondateur. Nous ne savons par quels motifs cette affaire resta indécise jusqu'en 1548 (10 mars), que de Liniers y donna suite en acquiesçant à la demande. Laissa-t-il sciemment l'affaire pendante? Est-ce la mort qui l'empêcha de la terminer? Toujours est-il que, le 31 mars 1543, ses deux sœurs, Louise et Marguerite, furent envoyées par sentence du bailli de Touraine en possession de la succession de leur frère.

La baronnie d'Airvau fut, pendant quelques années, indivise entre les deux sœurs. Ainsi, nous retrouvons Marguerite qualifiée baronne le 18 mai 1545. Elle était alors épouse d'Eustache de Moussy, et veuve de René de la Rochefoucault, chevalier, seigneur de Bayers, etc. Mais Airvau resta définitivement à Louise sa sœur, qui se maria, le 11 avril 1545, à Jean Ysoré, chevalier, seigneur de Bossay, Plumartin, etc., auquel elle porta le châtel, châtellenie, terre, seigneurie et baronnie d'Airvau, dont elle rendit aveu au vicomte de Thouars le 20 octobre 1554, et elle était morte avant le 11 septembre 1562, date d'une sentence de la sénéchaussée de Thouars relative au rachat obvenu par son décès.

En elle finit la branche des de Liniers, seigneur d'Airvau, après avoir possédé cette terre pendant 170 ans environ. Et malgré cette longue possession de près de deux siècles, combien de ceux qui foulent aujourd'hui le sol qui leur appartenait naguère savent qu'ils ont existé? Hélas! un bien petit nombre connaît leurs noms et sait qu'ils ont vécu.

§ V.

Jean Ysoré, l'époux de Louise de Liniers, était issu de l'une de ces anciennes maisons dont l'origine, se perdant dans l'obscurité des siècles, remonte peut-être à l'origine de la monarchie, à l'époque de la conquête. Illustrée par de nombreux services militaires, de grandes alliances, elle marchait une des premières à la tête de la noblesse de Poitou et de celle de Touraine, provinces sur les confins desquelles elle habite encore le noble château qu'occupaient ses aïeux.

Peu d'années après son mariage, le roi Henri II [1], cédant à l'humble supplication de Loyse de Liniers, dame d'Oyreveau, contenant que ladite ville d'Oyreveau est assise sur la rivière de Thouet et close de fort anciennes murailles, boulevards, pont-levis et fossés; en laquelle ville il y a un château fort, une belle et grosse abbaye...;

[1] Lettres patentes données à Saint-Germain-en-Laye, au mois de mars 1541.

« située en un pays fertile en bled et autres fruits et est sur les marches d'Anjou et de Poitou, distant de Thouars, Bressuire et Parthenay de cinq à six lieues..... et aussi pour le soulagement des habitants de ladite ville et autres bourgs..... plusieurs marchands de nos pays de Normandie, Orléans, Touraine et autres lieux passants par la dite ville allants aux foires du Poitou... » créa et établit dans cette ville, « au jour de lundi, un marché par chacune sepmaine, » et ordonna « que audit jour de lundi il n'y eut d'autres marchés à 4 lieues à la ronde. »

Quelques années plus tard, et c'est le dernier fait de la vie seigneuriale de René Ysoré que nous connaissions, la ville d'Airvau fut honorée d'une illustre visite, et nous pensons qu'il fut présent pour recevoir les augustes voyageurs.

Le 22 septembre 1565, Charles IX, revenant de ce long voyage durant lequel il dota la France des ordonnances de Roussillon [1] et prépara celle de Moulins, vint dîner à Airvau, « qui est une belle petite ville, » dit Abel Jouan dans son *Itinéraire*, et de là fut coucher à Ayron.

Le roi était accompagné du petit prince de Navarre, alors l'espoir du parti protestant, en attendant qu'il devînt, à plus juste titre que le premier Valois, *la fortune de la France* [2].

---

[1] Par son ordonnance du 4 août 1565, donnée au château de Roussillon sur le Rhône, Charles IX fixa au 1ᵉʳ janvier le commencement de l'année pour toute la France, et publia un édit par lequel il modifiait les avantages qu'il avait accordés aux huguenots par l'édit de pacification, et dont la célèbre ordonnance dite de Moulins ne fut que la confirmation.

[2] Cette réponse que l'on prête à Philippe de Valois après la funeste bataille de Crécy n'est point celle que la tradition attribue à ce prince. Elle ne doit son origine qu'à une faute d'impression. *Ouvrez, c'est l'in-*

Jean Ysoré mourut vers 1567, et son fils René lui succéda, du moins les premiers actes qui le concernent sont de cette année.

Nous voici rendus à une époque où, après un siècle environ de paix et de tranquillité, la ville d'Airvau va voir de nouveau la guerre à ses portes; ses rues et ses places envahies; la vie et la fortune de ses habitants menacées; heureuse encore de ne pas avoir été exposée à se trouver le centre d'une bataille, le point de mire d'une attaque acharnée, l'objet d'une défense désespérée; cela ne tint qu'à un retard de quelques heures et à l'indiscipline de quelques troupes, autrement la bataille de Montcontour se fût appelée la bataille d'Airvau.

Poitiers était assiégé par l'armée protestante sous les ordres de Coligny (août 1569), dont les détachements battaient la campagne et se répandaient au loin; les pays d'Airvau, de Montcontour, Saint-Jouin et Saint-Loup étaient pleins de huguenots, le plus souvent de reîtres qui emmenaient blé et vin et jusqu'aux meubles et ustensiles. Une de ces bandes de pillards s'établit à Airvau, momentanément du moins, et le capitaine qui la commandait voulut sans doute utiliser ses loisirs d'une manière profitable aux intérêts de ses coreligionnaires. Entre autres expéditions, il alla s'emparer à Barrou du blé provenant des dîmes que les habitants de ce bourg devaient à l'abbaye de Saint-Jouin, ce qui donna lieu, le 24 mai 1570, à une enquête que dom Fonteneau nous a conservée, mais qui ne contient aucuns documents nouveaux sur le sujet qui nous occupe.

fortuné roi de France, écrivit l'historien, et un prote négligent et un compositeur maladroit imprimèrent : *c'est la fortune de la France.*

Quelques semaines après (3 octobre 1569), Coligny, qui s'était vu forcé de lever le siège de Poitiers, dont son habileté militaire prévoyait la fâcheuse issue, se retirait en toute hâte sur Airvau, devant l'armée du duc d'Anjou, lorsque, par suite d'une mésintelligence survenue parmi les chefs et de l'insubordination des reîtres, qui refusèrent de marcher si leurs *monstres* ne leur étaient payées, les protestants furent atteints dans les plaines de Montcontour.

Les résultats de cette bataille [1], où l'amiral, blessé à la bouche, faillit périr, eussent été la ruine du parti protestant, si le duc d'Anjou eût déployé à en poursuivre les conséquences la même énergie et la même activité que Coligny en mit à en prévenir les suites funestes.

L'amiral, avant la bataille, voulant se ménager une

---

[1] Nous ne nous appesantirons pas davantage sur cette bataille, bien qu'en partie du moins elle se soit donnée sur le territoire de la seigneurie d'Airvau ; trop d'écrivains s'en sont occupés, et, pour ne parler que des modernes, nous indiquerons à qui voudrait en connaître les détails, les travaux de MM. Allonneau et Saint-Hypolite, dans les Mémoires de la Société des antiquaires de l'Ouest (1843 et 1844).

Que l'on nous permette cependant d'ajouter quelques mots.

En 1840, étant allé avec M. Calixte de Tusseau visiter ce champ de bataille, nous remarquâmes, en suivant le chemin de Saint-Jouin-les-Marnes, sur les hauteurs de Douron et près du village, un rocher qui faisait saillie au-dessus du sol de la route près laquelle il s'élevait, et que l'on nous indiqua comme étant *la pierre du ministre*, en souvenir sans doute des prédications qui précédèrent l'engagement. L'endroit, du reste, est parfaitement choisi, et l'observateur, voulant embrasser d'un coup d'œil le terrain environnant et l'étendue du champ de bataille, ne peut se placer d'une manière plus avantageuse, car de ce point on aperçoit jusqu'au vieux donjon féodal du château de Marconnay, situé à environ quatre lieues de là.

retraite en cas de revers, et s'assurer d'un passage sur le Thouet, fit occuper la ville d'Airvau par le capitaine Laubouynière-Chaillé, y fit conduire ses bagages, et plus tard, lorsque blessé, épuisé par la fatigue et par le sang qu'il perdait, il dut quitter le champ de bataille, ce fut sur cette ville qu'il se retira, suivi d'une partie de l'armée, dans sa fuite vers Parthenai.

La retraite des protestants à travers la ville d'Airvau fut marquée en traits de feu ; pour se venger de leurs ennemis et retarder leur marche, ils incendièrent le château, et ce fut sans doute à cette triste époque de nos annales que l'on doit reporter les mutilations qu'a subies l'église [1].

Un motif de haine personnelle pouvait bien avoir encore armé la main des huguenots dans la circonstance. René Ysoré, le seigneur d'Airvau, occupait une haute position à la cour de Charles IX. Il était aimé et estimé du duc d'Anjou, qu'ils détestaient ; il combattait dans les rangs catholiques, et le jour même il avait contribué d'une manière efficace à leur défaite. Il fut même probablement heureux pour Coligny qu'une blessure grave (il en perdit la jambe) eût contraint René de se retirer

---

Disons encore qu'à quelques pas de la pierre du ministre se trouvait autrefois, dans un champ voisin, un *tumulus* aujourd'hui détruit, dans les débris duquel on a trouvé, entre autres objets, un couteau en silex qui fait aujourd'hui partie du cabinet de M. Calixte de Tusseau.

[1] L'on pourrait croire aussi que les nombreuses mutilations qu'a subies la magnifique église d'Airvau ont eu lieu pendant l'occupation de cette ville par les huguenots, durant le siége de Poitiers ; mais l'enquête de 1570, que nous avons citée précédemment, n'en fait nulle mention, bien que plusieurs témoins parlent des *pilleries* des huguenots. Un fait aussi important n'eût point été omis par les habitants.

du champ de bataille, car il est à croire que le désir de sauver son château et sa ville seigneuriale des dangers qui les menaçaient l'eût attaché à la poursuite des protestants, et que leur retraite n'eût point été si paisible.

Dans ce pêle-mêle de succès et de revers, de villes prises, abandonnées, reconquises, qui est l'histoire des guerres de religion dans notre province, nous nous félicitons de ne trouver qu'à longs intervalles le nom d'Airvau; le silence gardé à son égard par les écrivains et chroniqueurs du temps, qui enregistraient avec tant de soin les escarmouches les moins importantes, la prise des plus petites bourgades, nous fait espérer qu'à l'abri de nouvelles atteintes, ses habitants vécurent en sûreté du moins, sinon paisibles, quand le pays environnant était livré à toutes les horreurs de la guerre civile. Les années les plus heureuses de la vie des peuples ne sont-elles pas toujours celles dont on s'occupe le moins?

Du reste, la période militaire de notre histoire est à peu près passée; encore deux ou trois faits de cette nature, et ceux qui nous resteront à narrer ne seront plus que des discussions de préséance entre le seigneur d'Airvau et l'abbé de Saint-Pierre. Les descendants des fiers barons ne vident plus leurs querelle l'épée mais la plume à la main. Le cri des hérauts proclamant l'heure des combats est remplacé par la voix d'obscurs légistes à l'éloquence verbeuse; les points en litige eux-mêmes se sont amoindris. Ce ne sont plus des villes à conquérir, des attaques à repousser, du sang à répandre; nous voyons un coup d'encensoir, un morceau de pain bénit, refusés, exigés, disputés avec le même acharnement que s'il se fût agi de la possession d'une province, et ces causes, si puériles en apparence, engendrer des procès interminables, absorber des sommes immenses, faire noircir des montagnes de papier, enrouer les avocats et probablement endormir les juges ! Félicitons-nous, malgré cela ; car, si nous n'avons rien de dramatique à raconter, la nature des différends, la manière dont ils se vident, indiquent une amélioration dans l'ordre social ; la violence a perdu son empire, celui des lois a commencé.

Le duc de Montpensier, envoyé par le roi Charles IX pour combattre les huguenots, qui, sous les ordres de La Noue, avaient vengé par de nombreuses victoires leurs coreligionnaires massacrés dans la nuit funeste de la Saint-Barthélemy, arriva à Airvau avec son armée le 1er août 1573, et y coucha dans sa marche sur Saint-Maixent.

Peu d'années après (1581), René Ysoré mourut, et Honorat son fils lui succéda ; il était dès lors chevalier de l'ordre du Roi, capitaine de 50 hommes d'armes, gouverneur de Blaye, vice-amiral de Guyenne, Poitou et Aunis.

Le 1er juin 1584, messire Jacques de Marays, écuyer, seigneur du Petit-Maulay, capitaine du château d'Airvau, rendit hommage au vicomte de Thouars de cette châtellenie, comme procureur spécialement fondé d'Honorat Ysoré.

A la fin du mois d'avril ou les premiers jours de mai 1586, les protestants, qui venaient de voir avorter une entreprise qu'ils avaient dirigée contre la ville de Parthenai, et que la vigilance des habitants avait déjouée, voulurent venger l'honneur de leurs armes ; ils se portèrent sur Airvau d'abord et sur Saint-Loup ensuite, au nombre d'environ 1,200 hommes, mais ils y furent également repoussés.

Quelques jours après, Honorat Ysoré se rendit à Parthenai, et ayant réuni sa compagnie aux troupes qui s'y trouvaient sous les ordres du comte du Lude, gouverneur de la province, des sieurs de Montsoreau et de la Châtaigneraie, il parvint à rassembler de 300 à 400 cuirassiers et Albanais, et à leur tête se mit à la poursuite des huguenots qui battaient la campagne. Ayant rencontré, le 5 mai, à la Maison-Blanche, près Vouzailles, les compagnies des sieurs de la Fenestre et de Fouestat, il les mit en déroute et fit les deux capitaines prisonniers [1].

Ce furent probablement les derniers faits d'armes de ce jeune seigneur, qui mourut la même année, âgé seulement de 25 ans, peut-être des suites de blessures reçues dans cet engagement. Il fut universellement regretté *pour l'estime qu'il s'était acquise*, nous dit un écrivain.

A Honorat Ysoré succéda René, son fils, alors mineur, qui, sous la tutelle de Madeleine Babou de la Bourdaizière, son épouse, le 28 septembre 1626, rendit un aveu, au château de Thouars, de sa terre et seigneurie d'Airvau.

L'année suivante, ayant fait remontrer au roi Louis XIII « qu'il aurait plu au feu roi Henri III accorder et octroyer à feu Honorat Ysoré, aussi baron d'Airvau, son père, des lettres en forme de chartes données à Paris, au mois de septembre 1583, portant création du marché pour être tenu le jour de jeudi de chacune semaine en la

---

[1] Si l'on en croit Briquet (*Histoire de Niort*), le roi de Navarre, revenant de Montsoreau, où il attendait le comte de Soissons et le sieur de Colombières, aurait, peu de mois après, traversé Airvau en se rendant à la Rochelle; mais l'itinéraire donné par M. Berger de Xivrey indique qu'il en passa seulement à peu de distance, ayant séjourné à Montcontour le 29 septembre, puis à Saint-Loup le 30, etc.

ville d'Airvau à lui appartenant..... qu'il aurait crainte que l'on le voulût troubler en la jouissance d'icelle, pour n'avoir obtenu les lettres de confirmation du feu roi Henri le Grand, que Dieu absolve, n'y celles du roy à présent régnant; Sa Majesté très-humblement suppliée les lui a octroyé et continué et confirmé en autant que besoing est, et de nouveau octroye ledit establissement de marché, le jeudi de chaque semaine, en ladite ville d'Airvau. Donné à Paris le 15ᵉ jour de juin 1627 ; signé Louis, et, sur le reply, par le roi, de Lomenye. »

Vers la fin de sa vie, et ce fut le fait le plus remarquable de son existence comme seigneur d'Airvau, René obtint du duc de Thouars que cette baronnie fût élevée au rang de marquisat. Nous le voyons en effet rendre à ce seigneur un aveu pour « son château, terre, seigneurie, ville, chastellenie, baronnie et *marquisat* d'Oirvau... lesdits chasteaux et ville renfermés de hautes murailles, tours, fossés et remparts, pont-levis et toute autre forteresse, lesdites tours et murailles à marchepied et défenses; ladite terre d'Oirvau érigée en marquisat, conformément à vos lettres patentes (Henry de la Trémoille, duc de Thouars) du 24 avril 1651. »

René dut mourir peu après, et laissa à Georges Ysoré, son fils et successeur, le soin de faire valider par le roi le titre dont Henri de la Trémoille avait bien voulu favoriser sa terre. Georges ne faillit point à la recommandation paternelle, et il obtint de Louis XIV les lettres patentes qui suivent :

« Louis, par la grâce de Dieu..... salut.... Comme nous avons tout subjet de satisfaction des grands et continuels services que notre amé et féal conseiller en nos conseils et notre lieutenant général au gouvernement de Touraine,

Georges Ysoré, marquis de Pleumartin, et baron d'Hervault, nous a rendus tant près notre personne qu'en nos armées, par une affection et fidélité inviolable..... Considérant d'ailleurs l'antiquité de sa noblesse et le rang que ses prédécesseurs ont tenu dans ladite province, et les dépendances de ladite baronnie, de laquelle sont tenus à mouvance 242 fiefs et arrière-fiefs..... relevant de la duché de Thouars, dont ladite baronnie est échue en partage à ses prédécesseurs. A ces causes nous, de notre propre mouvement... et autorités royale avons créé et érigé, par ces présentes signées de notre main, ladite baronnie, seigneurie et haute justice d'Hervault, en nom, titre et dignité de marquisat, pour jouir d'icelui par ledit sieur Ysoré et ses enfants mâles nés et à naître, avec tous les honneurs, prérogatives, prééminences, tant en paix qu'en guerre..... Voulons et nous plaît que tous les vassaux, tenants noblement ou en roture de la mouvance dudit marquisat, fassent et baillent dorénavant leurs hommages, reprises de fiefs, adveux et dénombrements et déclarations audit sieur marquis et à ses dits successeurs à toujours, au nom et titre de marquis d'Hervault..... que ces présentes, nos lettres de création et d'errection il fasse enregistrer, et de leur contenu jouir et user ledit sieur marquis d'Hervault ses dits enfants et successeurs seigneurs dudit marquisat plainement, paisiblement et perpétuellement..... Nous avons fait mettre notre scel à ses dites pièces.... Donné à Saint-Jean-de-Luz, au mois de may, l'an de grâce mil six cents soixante, et de notre règne le 17e.

» Signé Louis, et sur le reply,

» Par le roy, DE LOMÉNIE. »

Le mois précédent, Georges avait triomphé du mauvais vouloir de Michel Poncet, abbé d'Airvau, qui, méconnaissant ses droits, avait fait ôter violemment du banc seigneurial, placé dans le chœur de son église, les armoiries dont il était décoré.

La terre d'Airvau ne resta pas longtemps entre les mains de Jean Ysoré, son fils. Ayant été saisie réellement (nous ignorons à quel sujet), elle fut acquise par dame Thérèse Charron, veuve de René-Elisée Darrot, écuyer, seigneur de la Poupelinière, qui obtint par lettres patentes du mois de juin 1678, données à Saint-Germain-en-Laye, confirmation de celles de 1660, qui érigèrent la baronnie d'Airvau en marquisat, en faveur de la famille Ysoré.

§ VI.

Jacques-Claude Darrot, qui était mineur quand sa mère acquit le marquisat d'Airvau, ne le posséda que peu d'années, étant mort jeune, vers 1683 ou 1684. Louise-Françoise Laugeois d'Imbercourt, son épouse, rendit, le 4 avril 1686, comme tutrice de leurs enfants mineurs, un aveu au duc de la Trémoille, duc de Thouars, par l'organe de Pierre Pallu, l'un des notaires et procureurs du marquisat. Dans cet aveu, et c'est pourquoi nous le citons plus spécialement, il est fait mention expresse des droits du seigneur châtelain d'Airvau comme fondateur de l'église paroissiale et de l'abbaye de Saint-Pierre et de toutes les autres paroisses qui sont dans l'étendue de son marquisat : « L'abbaye d'Airvau ayant, y est-il dit, été autrefois fondée par Hildeardix, vicomtesse de Thouars, dame dudit Oirveau, des biens de ladite terre d'Oirveau obvenue en partage à Mme Marie de Thouars, de laquelle les prédécesseurs de ladite dame (avouant) sont descendus. »

« Les ducs de Thouars voulurent bien contester à la marquise d'Airvau le droit de se dire *fondateur* de l'abbaye, mais cette prétention fut victorieusement repoussée. Le droit de patronage et tous les priviléges y afférents avaient été aliénés par les précédents seigneurs d'Airvau. Ils le pouvaient, car ce droit était réel et non personnel; nulle réserve n'avait été faite par la famille Ysoré. Il était donc attaché à la terre, pouvait se vendre et s'acquérir avec elle, comme tous les autres droits utiles du fief et de la seigneurie; le propriétaire du château pouvait en jouir comme de sa chose.

Ces motifs furent du reste ceux qui firent toujours triompher les marquis d'Airvau dans les attaques et les procès que leur suscitèrent les abbés, dans la suite.

Louise-Françoise Langeois d'Imbercourt avait épousé en secondes noces, au mois de janvier 1690, Anne Hilarion de Cotentin, comte de Tourville, vice-amiral et maréchal de France, l'émule des Jean Bart, des du Quesne et des du Guay-Trouin, le glorieux vaincu de la Hogue. Nous aimons à croire que l'illustre marin a habité le vieux château dont nous écrivons l'histoire, a prié sur les dalles de l'église dont nous allons raconter les vicissitudes. Toujours est-il que nous avons retrouvé plusieurs aveux qui lui sont rendus comme seigneur d'Airvau; mais il ne l'était que du chef de sa femme, qui elle-même ne possédait cette terre qu'en qualité de mère tutrice des enfants mineurs de son premier mariage.

Jean-Baptiste Darrot, son fils aîné, étant émancipé, agissait comme seigneur marquis d'Airvau, le 14 septembre 1697. A cette époque, la terre d'Airvau valait 3,000 livres de rente, d'après un mémoire de M. de Maupeou, intendant du Poitou. Jean-Baptiste étant mort sans postérité avant 1736, le marquisat d'Airvau entra dans la famille Poussart du Vigean, Auguste Poussart, comte du Vigean, ayant épousé Marie-Louise Darrot, sœur du dernier marquis et sa seule et dernière héritière; mais ses enfants ne lui succédèrent que par représentation, car elle-même était décédée dès le 26 juillet 1722.

Marie-Jean-Baptiste Poussart, comte du Vigean, baron de Moings et marquis d'Airvau du chef de sa mère, n'eut qu'un fils, Bertrand-Anne, qui, le 5 janvier 1739, donnait procuration pour rendre hommage au duc de Thouars de sa terre d'Airvau, comme héritier seul et unique de Marie-Jean-Baptiste, son père, qui venait de mourir, et en cette qualité habile à se dire seigneur de ladite terre, seigneurie et marquisat, et fondateur de l'église et abbaye dudit lieu. Il ne lui survécut pas longtemps, étant décédé lui-même au mois de mai 1741, et la terre d'Airvau changea encore de maître. Comme il était mort sans enfants, sa succession fut partagée entre ses tantes, sœurs de son père, et Airvau tomba dans le lot de Louise-Françoise-Jeanne-Marie Poussart, femme de Fabrice-Joseph Duchilleau, lieutenant au régiment des gardes françaises.

Le 7 juillet 1744, M. Duchilleau accorda par un acte du même jour à messire Aymard Robert de Prie, abbé d'Airvau, les droits de moyenne et basse justice sur l'espace compris entre les rues de l'Aumônerie, de la Grange et celle qui va de l'Aumônerie au Marché-Vieil; mais cette concession, toute gratuite de sa part et motivée par des vues de conciliation, n'empêcha pas son fils Marie-Charles Duchilleau de se voir refuser tous les droits honorifiques qui lui étaient dus, de se voir contester le titre de fondateur de l'église et de l'abbaye.

Le 21 janvier 1763, M. Duchilleau, qui se trouvait à son château d'Airvau, voulut jouir de toutes les prérogatives que comportait sa dignité de seigneur marquis dudit lieu et de fondateur de l'église et abbaye, etc. Il fit donc signifier à l'abbé, représenté en son absence par M. Grenon, prêtre, chanoine et procureur-syndic du chapitre, par Louis Prestreau, sergent du marquisat, son intention de se trouver le dimanche suivant, 23 janvier, dans son banc *aux armes de ses prédécesseurs*, placé dans le chœur de l'église, leur rappelle ses droits aux prières nominales, eau bénite, pain bénit, etc., et leur ordonne de lui rendre les honneurs accoutumés.

Nous voyons en effet, par un procès-verbal en date du dimanche 23 janvier, rédigé en présence de messire Jean Boria, écuyer; du sieur Antoine Chauveau, clerc tonsuré; de Pierre Milloir, horloger; de maîtres Siméon-Stylite Jonat, huissier; Armand Jarry, bourgeois; du sieur Pierre Bernard, marchand, et de Paul Jollain, qui ont signé avec Savin, sénéchal, et Jouyneau, commis greffier, et contrôlé le lendemain 24 janvier, que les honneurs et droits honorifiques avaient été faits, rendus et accordés par messieurs du chapitre à M. Duchilleau.

Les droits honorifiques ont disparu avec les autres priviléges; ils ne sont plus aujourd'hui en usage et sont inconnus au plus grand nombre, qui ignorent en quoi ils consistaient, à qui ils étaient dus, quelle en était l'origine. Quelques mots d'explications ne seront donc pas inutiles pour bien faire comprendre la nature des prétentions des seigneurs et du procès qui en fut la conséquence.

« On confond souvent, dit Guyot [1] en commentant ce texte de Loiseau [2] : « Les honneurs de l'Eglise consistent en autres choses qu'en préséance, » — on confond souvent sous le nom de droits honorifiques toutes les déférences personnelles ou réelles, c'est-à-dire attachées ou au patronage, ou à la seigneurie, ou à la dignité!..... Ces honneurs sont des préséances que l'usage a consacrées, ce sont des droits relativement à ceux qui peuvent y prétendre. »

Les meilleurs auteurs qui ont écrit sur cette matière partageaient ces droits en deux classes : les grands, qui étaient : de présenter à la nomination par le collateur d'un sujet pour remplir le bénéfice ; d'être nourri, étant dans le besoin, des biens de l'église; d'avoir une litre funèbre [3]; de se faire recevoir processionnellement dans l'église; d'être nominalement recommandé aux prières du prône; d'avoir son banc et sa sépulture dans le chœur. Les moindres comprenaient : l'eau bénite donnée avec distinction et avant les autres fidèles; le pain bénit offert après le clergé et les officiers du chœur, et la faculté de

---

[1] *Observations sur le droit des patrons aux honneurs de l'Église*, in-4°, p. 148. — Presque tout ce que nous dirons ici des droits honorifiques est extrait presque textuellement de cet ouvrage, reconnu le meilleur traité qui ait été écrit sur la matière.

[2] Chap. II des seigneuries, nombre 31.

[3] La litre ou ceinture funèbre était une bande peinte en noir sur la muraille intérieure et même extérieure de l'église, sur laquelle étaient représentées en couleur les armoiries du patron. Quelques-unes de ces litres existent encore; nous nous rappelons avoir remarqué, il y a quelques années, les traces parfaitement visibles de celle qui courait sur la surface intérieure et extérieure des murs de la curieuse église de Saint-Généroux.

choisir le jour d'en faire l'offrande; le droit, comme le clergé et après lui, de baiser *la paix*, et enfin, outre le banc du chœur, une place choisie dans le lieu le plus honorable de la nef de l'église.

Les patrons et fondateurs de l'église étaient les premiers auxquels appartenaient, en vertu de ce titre de patron et *ipso facto*, les droits honorifiques.

Deux motifs avaient engagé l'Eglise à leur déférer ces honneurs : l'un était pour marquer sa reconnaissance à ses bienfaiteurs, l'autre pour exciter les fidèles à suivre leur exemple. Après les patrons et fondateurs, on accordait ces honneurs aux seigneurs hauts justiciers du lieu sur lequel l'église était bâtie, ce qui se pratiquait à leur égard en considération de la puissance publique qu'ils exerçaient, et pour les engager à prendre l'église sous leur protection.

Il avait fallu aussi, pour éviter la confusion et le désordre, régler les rangs entre les autres personnes qui prétendaient à quelque préséance et distinction dans l'église, tels que les seigneurs de fiefs, les gentilshommes, les commensaux de la maison du roi, les officiers de justice, soit royaux, soit seigneuriaux, les corps de communautés laïques et ecclésiastiques, séculières ou régulières, et généralement pour toutes sortes de personnes qui méritaient quelque considération.

Mais les patrons et fondateurs et les hauts justiciers du lieu où l'église était bâtie étaient les seuls qui pouvaient légitimement prétendre aux droits honorifiques proprement dits; toutes autres personnes, quelque qualifiées qu'elles pouvaient être, n'avaient entre elles et relativement à leurs inférieurs que de simples préséances ou prééminences pour le pas à l'offrande ou à la procession, pour la distribution du pain bénit et autres cérémonies semblables.

Ces honneurs, comme on le voit, étaient devenus des droits de famille ou de seigneurie.

Si l'on doit obliger par le seul motif de faire le bien, non par ostentation, pour mériter de la reconnaissance, et surtout pour se croire en droit de l'exiger, il n'en est pas moins vrai que les règles établies par l'Eglise imposant à ses prêtres l'obligation de témoigner ainsi ses sentiments de gratitude, ceux à qui ils étaient légitimement dus pouvaient et devaient les revendiquer comme des droits acquis, et que les ecclésiastiques, en refusant trop souvent de les accorder, méconnaissaient leurs devoirs et l'origine de ces distinctions.

Tous ces détails, qui avaient une si grande importance autrefois, nous semblent bien futiles aujourd'hui; mais si l'on veut bien remarquer que la plupart de ces hommes, plus sensibles à l'honneur qu'à l'intérêt, étaient les descendants de ceux qui avaient construit la maison de Dieu et doté ses serviteurs, on pardonnera, nous n'en doutons pas, aux fils des donateurs, la vanité de réclamer la première place dans l'édifice, souvent magnifique, élevé par la piété de leurs pères, et quelque distinction de la part de ceux que la générosité de leurs ancêtres nourrissait encore; quels sont donc, du reste, les motifs qui font sacrifier encore de nos jours fortune, repos, vie même, si ce n'est d'obtenir quelques-unes de ces distinctions? Les hommes, sous ce rapport, seront toujours de grands enfants.

L'abbé d'Airvau, M. de Stoupy, ne voulut pas reconnaître à M. Duchilleau la qualité de fondateur de son église, et voir rendre à un laïque les honneurs qu'il préten dait lui être dus exclusivement, oublieux de la reconnaissance qui lui faisait un devoir d'honorer en la personne du marquis le bienfaiteur de son abbaye, méconnaissant les droits que ce dernier avait à se dire patron, prétextant une ignorance peu croyable, et usant d'une mauvaise foi quelque peu chicanière, qui nous le ferait quelque peu croire visiteur assidu de ce :

« ..... Pilier fameux des plaideurs respecté
» Et toujours de Normands à midi frequenté [1]. »

L'abbé, dis-je, fit signifier, le 24 août 1766, à M. Duchilleau, un inventaire de pièces où, après un long préambule et avoir rappelé l'acte du 21 janvier 1763 que nous avons rapporté précédemment, il dit et déclare « qu'il ignore si en conséquence dudit acte *les honneurs de l'Église lui ont été rendus*, mais qu'il est certain qu'il n'était pas fondé à les exiger....; qu'ainsi ledit sieur abbé, pour la conservation des droits de son abbaye, protestait contre la qualité de fondateur de ladite église et abbaye prise par ledit M. Duchilleau. »

Ce dernier ne laissa pas sans réponse le mémoire de son adversaire; le procès s'engagea, et les parties s'attaquèrent et se défendirent avec un acharnement digne du Chicaneau de Racine.

L'abbé fut condamné; mais, plus prudent que le plaideur opiniâtre que le poëte met en scène, il se tint pour battu. Sans fatiguer nos lecteurs des termes barbares de la chicane, et franchissant d'un bond les années qui s'écoulèrent entre le commencement et la fin de ce procès,

[1] *Lutrin*, chant IV.

nous nous contenterons de citer les principaux passages du dispositif de l'arrêt rendu par le parlement, sur les conclusions conformes du procureur général : cet arrêt, » faisant droit sur l'instance, sans s'arrêter aux requêtes du sieur Stoupy, dont il est débouté..... met l'appellation au néant, ordonne que ce dont il a été appelé sortira son plein et entier effet, et que l'arrêt provisoire du 16 février 1769 demeurera définitif..... déclare le présent arrêt commun avec les prieur, curé, chanoines et chapitre de Saint-Pierre d'Airvau ; condamne ledit Stoupy en l'amende ordinaire de 12 livres et en tous dépens...... en compte d'appel, intervention..... sommations, dénonciations..... Le 31 août 1770. »

M. Duchilleau, nommé, quelques années après (7 septembre 1777), commandant particulier de l'île de Saint-Domingue, à la prise de laquelle il avait glorieusement contribué, ne revint probablement plus à Airvau, dont il vendit le marquisat, le 1ᵉʳ janvier 1785, à René de Richeteau, capitaine de cavalerie, chev., seigneur de Moiré, et à dame Gabrielle-Henriette Chasteigner de Rouvre, son épouse.

Ici doit s'arrêter la première partie de notre travail, car à peine s'éteignaient les dernières acclamations qui avaient accueilli les nouveaux seigneurs, que des clameurs menaçantes, des cris de mort se firent entendre. La révolution de 1789 s'annonçait, et, quelques mois après, le décret du 19 juin 1790, supprimant la noblesse et ses titres, vient briser notre plume. En effet, le seigneur d'Airvau avait disparu. Il ne restait plus que le simple citoyen, l'égal du dernier de ses vassaux ; l'égal ? non, car il fut déclaré suspect (et l'on sait à quels dangers étaient exposés, à cette funeste époque, ceux qui étaient flétris de cette odieuse qualification) par ceux-là même qui la veille encore.....

N'est-ce pas là l'histoire de toutes les puissances déchues, de tous les pouvoirs tombés ?

§ VII.

LISTE CHRONOLOGIQUE DES SEIGNEURS D'AIRVAU DEPUIS QUE CETTE TERRE EST SORTIE DE LA MAISON DE THOUARS.

I. — THOUARS (Marie DE), héritière de la terre d'Airvau, la porta à Geoffroy de Chausseroye; leur mariage eut lieu de 1246 à 1294. Geoffroy eut pour fils et successeur :

II. — CHAUSSEROYE (Guyard DE), mort avant 1329. Son fils lui succède.

III. — CHAUSSEROYE (Guyard II DE), mineur en 1329 et sous la tutelle de Geoffroy Darmandet, vivait encore en 1345; il eut pour fils et successeur :

IV. — CHAUSSEROYE (Payen ou Paën DE), que nous trouvons dès 1358, vivait encore en 1380. Il laissa de Marguerite de la Porte trois filles, Anor, Madeleine-Catherine et Marie; cette dernière eut en partage la terre d'Airvau.

V. — CHAUSSEROYE (Marie DE), dame d'Airvau, recevait un aveu en cette qualité le 18 novembre 1388, étant dès cette époque épouse d'Amaury de Liniers, chevalier. Ce dernier étant mort, elle se remaria, avant 1426, avec Louis Chenin, écuyer, seigneur de l'Ile-Bapaume. Marie décéda elle-même de 1438 à 1440, laissant la châtellenie d'Airvau aux enfants du premier lit.

VI. — LINIERS (Jean dit Maubruny DE), fils d'Amaury et de Marie de Chausseroye, prenait, dès le 30 mai 1429, la qualification de seigneur d'Airvau, et agissait comme tel. Il mourut vers 1455, âgé de près de cent ans. Marié à Sibylle Taveau, Maubruny en eut plusieurs enfants; Michel, l'aîné de ceux qui vivaient à l'époque de son décès, lui succéda.

VII. — Liniers. (Michel de) posséda la terre d'Airvau d'environ 1452 à 1489. Il laissa Airvau à :

VIII. — Liniers (Jacques de), né de son mariage avec Marie Rousseau. Il se dit seigneur d'Airvau en 1486, et était mort avant 1519. Marié à Renée de Karaleu, il en eut plusieurs enfants, les deux aînés morts jeunes; Gilles, le troisième, succéda à son père, et ses sœurs, Louise et Marguerite, devinrent, après lui, dames d'Airvau.

IX. — Liniers (Gilles de) posséda Airvau de 1520 à 1548. Ce fut en sa faveur que de châtellenie elle fut érigée en baronnie. Mort sans enfants, sa succession tomba à ses deux sœurs, Louise et Marguerite.

X. — Liniers (Louise et Marguerite de) possédèrent indivisément pendant quelques années la baronnie d'Airvau; mais cette terre demeura à Louise, mariée dès 1545 à Jean Ysoré, seigneur de Plumartin, et morte avant 1562, laissant Airvau à René, son fils aîné, qui succéda à son père, décédé vers 1567.

XI. — Ysoré (René I) posséda Airvau de 1567 à 1580 ou environ. Marié à Françoise de Sorbiers, il en eut :

XII. — Ysoré (Honorat), qui prenait, le 1ᵉʳ mars 1584, le titre de seigneur baron d'Airvau, et mourut en 1586, jeune encore, en laissant Madeleine Babou de la Bourdaisière, sa veuve, tutrice de leurs enfants mineurs, dont l'aîné, René, lui succéda.

XIII. — Ysoré (René II), d'abord sous la tutelle de sa mère, obtint du duc de Thouars (Henri de la Trémoille) l'érection de la baronnie d'Airvau en marquisat. Il mourut vers 1652, avant d'avoir pu faire régulariser ce titre par le roi, et chargeant son fils, qni suit, de suivre cette affaire.

XIV. — Ysoré (Georges), fils de René II et de Marguerite de Chamborand, obtint, par lettres patentes du mois de mai 1660, la confirmation du titre de marquisat attaché à sa baronnie d'Airvau. Il épousa Marie de Roncherolles, dont il eut, entre autres enfants :

XV. — Ysoré (Jean), sous lequel la terre d'Airvau fut saisie réellement et adjugée à dame Thérèse Charron, veuve de René-Elisée Darrot, écuyer, seigneur de la Poupelinière, tutrice de leur fils mineur :

XVI. — Darrot (Jacques-Claude), qui ne posséda que peu de temps le marquisat d'Airvau, et mourut jeune vers 1683 ou 1684. Il laissait pour veuve Louise-Françoise Langeois d'Imbercourt, qui fut tutrice de leurs enfants mineurs, et se remaria en 1690 (janvier) à Anne-Hilarion de Cotentin de Tourville, vice-amiral et maréchal de France.

XVII. — Darrot (Jean-Baptiste), fils aîné du précédent, agissait comme seigneur d'Airvau en 1697, et mourut sans postérité avant 1736. Sa succession passa alors aux enfants de Marie-Louise Darrot, sa sœur et unique héritière, dont était veuf alors Auguste Poussard, comte du Vigean.

XVIII. — Poussard (Marie-Jean-Baptiste), comte du Vigean, baron de Moings et marquis d'Airvau du chef de sa mère, n'eut qu'un fils, qui lui succéda.

XIX. — Poussard (Bertrand-Anne), marquis d'Airvau en 1739, mourut sans alliance en 1744, et sa succession passa à ses tantes, sœurs de son père.

XX. — Poussard (Louise-Françoise-Jeanne-Marie) eut Airvau en partage ; elle était alors épouse de Gabriel-Joseph Duchilleau, lieutenant au régiment des gardes françaises, qui vendit ce marquisat, le 1ᵉʳ janvier 1785, à

XXI. Richeteau (René de), capitaine de cavalerie, chevalier, seigneur de Moiré, etc., et dame Gabrielle-Henriette Chasteigner de Rouvre, son épouse, entre les mains desquels il se trouvait à l'époque de la révolution.

§ VIII.

JUSTICE.

Quelques-uns des documents que nous avons relatés dans l'histoire du château donnent des détails assez circonstanciés sur l'étendue des droits de justice et la juridiction que possédaient les seigneurs d'Airvau ; nous ne les reproduirons donc pas ici. La citation que nous avons extraite de l'arrêt qui mit fin au procès soutenu par Maubruny contre le vicomte de Thouars (*voir* précédemment), la transaction de Marie de Chausseroye et de Louis d'Amboise, prouvent surabondamment que, dès cette époque, et même antérieurement, le possesseur de la terre d'Airvau avait la jouissance pleine, entière et incontestable, bien qu'à diverses reprises elle lui eût été contestée, de toutes les prérogatives judiciaires accordées par la coutume de notre province aux seigneurs châtelains.

« Le seigneur chastelain, dit la coutume de Poitou (tit. III), est fondé d'avoir, par la coustume, chastel et chastellenie, haute justice, moyenne et basse, et peut avoir et tenir justice ou fourches patibulaires à trois piliers à tiers pied, et avoir scel à contracts. »

L'article 4, qui voulait que, pour avoir deux degrés de juridiction, le seigneur châtelain ressortît nuement du juge royal, s'opposait à ce que le seigneur d'Airvau pût jouir de ce privilége. Nous avons bien vu précédemment que, sous Maubruny de Liniers, et en vertu de son titre de chambellan du roi, les appels des sentences prononcées par son juge se portaient directement aux juges royaux, au lieu d'aller à Thouars, comme par le passé ; mais cet état n'était qu'exceptionnel, et les choses durent rentrer dans le droit commun à la mort de Maubruny de Liniers. Nous n'avons, du reste, rencontré aucunes traces de deux degrés de juridiction exercés au nom du seigneur d'Airvau.

« Lesdits... seigneurs chastelains, dit encore la coutume, art. 5, peuvent, et non leurs sénéchaux ou juges, créer notaires en leurs terres pour passer lectres et contracts volontaires sous leurs scels, chastellenie et ressort. Peuvent aussi créer et commettre sergents en leursdictes terres, le tout jusques au nombre et de la qualité dont il sera parlé cy après... » Six sergents seulement, dit l'article 377.

Les autres articles règlent les époques auxquelles les seigneurs devaient tenir leurs assises : la grande, quatre fois l'an, « et non plus » (art. 19), et la petite assise, prévôté ou plaids, « par chacun mois ou par chacune quinzaine ou huitaine, ainsi qu'il est accoustumé tenir. »

Le règlement entre Michel de Liniers et le couvent d'Airvau en 1456, dont nous avons déjà fait mention vient encore à l'appui de la validité des droits du seigneur. Nous en donnons ici un extrait d'après une ancienne copie en papier conservée dans les archives de la Société des antiquaires de l'Ouest; malheureusement les deux premiers feuillets manquent.

« ..... Mentionnaires et habittans d'icelluy en quelque manière et cas que ce soit, lesdicts sieurs d'Oyrvau ne les siens n'aurront et ne pourront avoir prinse, détemption, garde ne aulcune cognoissance en aulcune manière que ce soit desdicts malfaicteurs et desdicts maléfices ou forfaicts qu'ils auront ainsy faicts durant le temps que lesdicts serviteurs ou officiers seroyent demeurants et résidants en ladicte abbaye, mais en appartiendra la prinse, détemption, garde et cognoissance ausdict religieux et à leurs officiers, sans que ledict seigneur d'Oyrvau ou les siens y puisse jamais aulcune chose avoir, quere ne demander ausdicts délinquans après la dissolucion ou condampnation faicte par lesdicts seneschaulx ou officiers desdicts religieux, sauve que si lesdicts délinquants estoyent condampnez à peyne corporelle et de mort ou abusion (*sic*) de membres après ladicte condampnation, lesdicts condampnez seront baillez et dellivrez par les séneschaulx et officiers desdicts relligieux aux séneschaulx ou officiers desdicts seigneurs d'Oyrvau au dehors dudit Bourgneuf pour faire faire et accomplir l'exécution de ladicte condampnation, et le (*blanc*)... dudict condampné ou délinquant, et tout le proffict qui pour cause de ladicte condampnation pourra en suyvre se partira par moictié entre lesdicts religieux et ledict seigneur d'Oyrvau.

» Et au regard du surplus de toute la justice quelle soit et quelque espèce qu'elle soit audit Bourgneuf, et sur les choses d'icelluy et sur les mentionnaires et habittans d'icelluy sera et appartiendra ausdicts religieux et à leurs successeurs, avecq le droict de faire cry ondit Bourgneuf et autres dont lesdits religieux ont accoustumez d'user ondit bourg et sur les habittans, exceptez les droicts dessus déclarés qui demeureront ausdictes parties pour en jouir et exploicter en la manière dessus dicte, desquelles choses dessus desclarées et ausdicts droicts dont ont accoustumé jouir lesdits religieux et qui leur demeurent, ils ne seront en rien subjects en ressort ne aultrement audit sieur d'Oyrvau ne de sa dicte seigneurie dudit lieu.

» Et en tant que touche la cognoissance de compeller et à donner seuretez sur les hommes dudit bourg, s'ils sont convenus par devant les juges desdits religieux, ladicte seureté sera donnée en leur dicte court, et s'ils sont premièrement convenus en la court dudit seigneur d'Oyrvau, ils la donneront en icelle court, et si aulcun des habitans dudit bourg estoit convenu devant le séneschal chastelain dudit seigneur d'Oyrvau, soit à la requète de partie ou avecques mattiere personnelle pour aultre cause que pour les causes de haute justice dessus déclarez et en matière réelle pour raison des feuz droicts et choses dudit bourg, celluy qui ainsi sera couvenu pourra de soy deslivrer et dire qu'il est mal convenu et demander despans contre la partie qui l'auroit faict convenir, et n'en tiendront le séneschal ou chastellain court ny cognoissance aucune, mais l'envoyront et seront tenus de l'envoyer hors de court comme mal convenus, et condampner sa partie ès despans pour follement l'avoir faict convenir.

» Qu'en tant que touche le guet que ledit seigneur d'Oyrvau faisoit faire à son dit chastel ausdicts hommes dudit Bourgneuf, dont il disoit avoir droict et estre en possession d'antienneté et lesdicts religieux disant le contraire. Et sy faict lavoyent se avoit été sans préjudice de leurs droicts et de leurs dits hommes ainsy qu'ils disoyent aultre foys avoir esté appoincté entre les prédécesseurs desdictes parties, et comme ils disoyent apparoir par lectre, a esté appointé et accordé du consantement desdictes parties que chascun des habittans dudit Bourgneuf payera audit sieur d'Oyrvau, par an, pour le guet cinq sols seullement, qui est la moictié de dix sols, laquelle somme de dix sols a esté ordonnée estre payée par le roy pour le guet, par chascun homme et subject, en la manière que porte ladicte ordonnance, et on cas que le roy nostre seigneur abattroit les guetz et gardes, les habittans de ladicte chastellenie dudit lieu d'Oyrvau ne feussent point (sic), les habittans dudit Bourgneuf ne payeront dès lors plus aulcune chose de ladicte somme de cinq sols. Et en cas que le roi nostre seigneur donneroit de ladicte somme de dix sols le quart, moictié ou autres parties semblables, sera des lors tenu pour diminuer aux habittans dudit Bourgneuf desdits cinq sols, tels semblables articles et parties que le roy diminueroit desdits dix sols et autres choses rien payeront dès lors, et sy lesdicts guets estoient haussez par le roy semblablement, lesdits hommes payeront la moictié dudit haussement, et en cas que lesdits habittans dudit Bourgneuf aymassent mieulx faire le guet que payer lesdits cinq sols ou autres sommes, aquoy le roy auroit diminué ou accreu lesdits guet..... ils le pourront faire et avecques ce on cas qu'il congnoist pour guerre que les habittans de ladicte ville d'Oyrvau fissent le guet, semblablement lesdicts habittans dudit Bourgneuf seront tenus le faire à leur tour comme les autres habittants de ladicte ville, et en ce cas ne pourront payer lesdits cinq sols ne autre sommes, et quand aulcun des habittans deffanderoyent de païer ladicte somme ou faire ledit guet en la manière susdite, ils seront à ce appellés et contraincts de payer par les sergens desdits religieux qui pour ce seront tenus de les exécuter, et où ils en seroyent refusans, les sergens dudit seigneur d'Oyrvau pourront faire ladilte exécution, lesdits religieux ou leur procureur préalablement sommez de les faire payer, et au regard du mestayer de la Grange appartenant audits religieux, il ne sera aulcunement tenu de faire le guet ne payer pour aulcune chose. Et ce faict et à telle condition et convenance que partant ledit sieur d'Oyrvau ne les siens ne pourront dire ne adhouer audit bourg aulcun droict de chastellanie ne autres droicts fors les droicts desclarez par ces présantes et ceux qu'ils ont accoustumés dantré-metté, et avecq ce si aulcun marchant de sels passoyent par ledit bourg et ou il vendissent ou exposassent leur scel (sic) en vante en icelluy bourg, ledit sieur d'Oyrvau aura et prendra le droict de minage dudit scel, et aussy que ledit sieur d'Oyrvau ne ses successeurs n'auront ny ne pourront avoir, pretandre ne demander aulcune autre cognoissance, exploicts, souveraineté ny ressort en ladicte abbaye ne sur les habittans dudit Bourgneuf et choses d'icelles fort les droicts dessus déclarez seullement, mais sont et demeurent lesdits religieux, leur dicte abbaye, leur dit bourg et les mentionnaires et habittans en icelluy en obéissance, ressort et souveraineté des seigneurs de qui ils ont accoustumé estre.

» Et en tant que touche la ruhe de la Grange et de Laumosnerie et celle qui va de ladilte aumosnerie au four du Vieil-Marché, est appoincté que les justices et juridictions moyenne et basse desdictes trois ruhes et ses subjects mentionnaires et habittans en icelles et de leurs mentions et habitations qui pour le présent sont et pour le temps advenir seront et aussy la cognoissance des actions personnelles de partie à partie et autres, desquelles actions personnelles lamande nexcedera point sept sols six deniers et tout ce qui desdictes justices et juridictions peult deppendre, la cougnoissance d'applégement, d'action, de tutelle et autres quelsconques deppendans desdictes justices sont et appartiennent ausdits religieux avecq l'exercice et exécution d'icelle et les profficts qui de ce peuvent et doibvent appartenir, sans que ledit sieur d'Oyrvau ne les siens y puissent jamais rien avoir ne demander ne desdictes choses et actions, ne tenir court ne cougnoissance à sa court pour quelque cause que ce soit; soit qu'ès dictes actions personnelles feust maintenu foy de corps en ladilte court dudict sieur d'Oyrvau ou autre, sauve et excepté le droict de mettre, tenir et avoir mesures deppendantz avec tous les droicts de haulte justice, juridiction et chastellainie et ressort et tout ce qui en deppend et la cougnoissance des demandes personnelles dont lamande passeroit sept sols six deniers, lesquels droicts sont et demeurent audit sieur d'Oyrvau et aux siens, sauve et excepté qu'audit lieu de la Grange appartenant ausdits relligieux, iceux relligieux mettront et tiendront leurs mesures à bled et à vin, sans que ledit sieur d'Oyrvau ne les siens y puissent mettre ne tenir les leurs, ainsy touttes fois que ledit sieur d'Oyrvau ne les siens ne pourront tenir assises esdictes rhues ne en aulcunes d'icelles pour cause desdictes mesures, mais la pourront faire tenir les mantionnaires et habittans des dictes ruhes pour icelles mesures (... *blanc*...) à leur assigner ailleurs et en leur pouvoir et justice.

» Et en tant que touche la rhue Basset la haulte et moyenne justice, souveraineté et ressort sont et demeurent audit sieur d'Oyrvau, et aussi la basse juridiction touchant la cougnoissance des demandes et actions personnelles seulement et le surplus de ladicte basse justice, comme avoir cognoissance de crues non payez, exhibition de contractz de choses immeubles, estant en ladicte ruhe tenues à cens et debvoirs nobles desdits relligieux, des saisies brizées et aussy quand entre aulcun sera débat des choses immeubles estant en icelle ruhes tenues desdits relligieux à cens et debvoirs nobles et de tous autres cas deppendans de ladicte basse justice et cougnoissance d'icelle sera et demeurera ausdits relligieux pour estre exercée par eux et leurs juges et officiers et à leur profict, sans que ledit sieur d'Oyrvau ne les siens y puissent aulcune chose demander, et aussy que ledit sieur d'Oyrvau ne ses successeurs ne pourront tenir ne faire tenir leurs assises esdictes trois rhues et rhue Basset, fors une fois durant leur vie et une fois durant la vie d'ung chascun abbé de ladicte abbaye.

» Et au résidu du droict de contraincte que lesdicts relligieux disent avoir sur les hommes et habittans desdictes quatre rhues dessus déclarées de cuyre, d'aller cuyre leur paste au four bannier d'iceux relligieux et de mouldre leur bled à leur moullin que ledit sieur d'Oyrvau debattoit. Icelluy sieur d'Oyrvau s'est désisté et départy pour luy et les siens de le débattre. Et pourront iceux relligieux compeller leurs dits hommes des quatre ruhes à aller cuyre leurs pastes à leur dit four et mouldre leur bled à leur dit moullin; et les procès qui pour cause desdits fournage et moullange seront intantez si aulcuns estoyent et esquelles ledit sieur d'Oyrvau seroit partie.....(*blanc*)..... au profficl desdits religieux, et si aulcune chose avoit esté faicte au contraire desdits droicts, il sera reparé, effacé et mis au néant, et les pourront lesdits relligieux les faire reparer par droict de justice aussy que bon leur semblera. Et en tant que touche ce que lesdits religieux disoyent qu'ils avoyent droict de prendre les ventes à certaines foyres de ladicte ville d'Oyrvau, et qu'èsdictes foyres ils avoient droict de prendre par chascun .....(blanc)..... ung chef-d'œuvre, de ce que l'on a acoustumé prendre chef-d'œuvre, et que en ce les officiers dudit sieur d'Oyrvau les empeschoyent parce qu'ils disoyent que quand les marchands qui venoient esdictes foyres amenoient ung jour ou deux devant la foyre leurs denrées en ladicte ville, lesdits officiers prenoyent le jour avant la foyre ledit chef-d'œuvre, et pour ce ne le voulloyent payer lesdits marchands ausdits relligieux, de sorte que lesdits relligieux prenderont ledit chef-d'œuvre de chascun marchand ainsy qu'il est accoustumé esdictes foyres où ils prennent lesdictes ventes, a telles conditions et convenances que sy paravant lesdictes foyres les officiers dudit sieur d'Oyrvau à l'une des dittes autres foyres précédentes en icelles et non aultrement avoyent prins ledit chef-d'œuvre, lesdits relligieux ne le pourront prendre.

» Et au regard de la dixme des aigneaux, pourceaux et laines et autres choses subjectes a dixme croissans et naissans en la maison de la mestairie dudit sieur d'Oyrveau assize près le chasteau dudit lieu, est appoincté que lesdits relligieux et leurs successeurs prendront et auront en ladicte maison ladicte dixme des aigneaux, pourceaux, laines et autres choses subjectes à dixme qui croisteront et naisteront en ladicte mestairie, et par ceste transaction et accord ledit sieur d'Oyrvau a dellaissé ausdits relligieux le droict et deffense de pescherie en la rivière du Thouet de rive à rive, à prendre dès le bout du pré des Pasquins appartenant audit sieur d'Oyrvau et traversant ladicte rivière au bout de.....(*blanc*)..... du moullin de Renoubé et tirant contre la chaussée dudit moullin, laquelle pescherie et deffans seulement lesdicts Relligieux tiendront en franche aulmosne soubz la souveraineté dudit sieur d'Oyrvau, sens préjudice des droicts de leurs aultres d'houmaynes qu'ils ont contre la rivière et de la juridiction qu'ils ont en iceulx, et pourront iceulx relligieux et leurs fermiers faire rompre les lins et chanvres de leurs dixmes en ladicte rivière du Thouet, ainsy qu'ils ont accoustumé. Et aussy ledit sieur d'Oyrvau ne ses successeurs ne pourront faire coupper bois ne aultres exploictz ès ryves de ladicte rivière dont les d'hommaines appartiennent ausdits relligieux, et tiendront les sudits relligieux les choses dessus dictes par ceste présente transaction leur.....(*blanc*)..... et autres droicts, priviléges et franchises qu'ils ont d'ancienneté en leur abbaye et ailleurs, à cause d'icelle sy et par la manière qu'ilz ont.....(*blanc*) .... autres temporalitez et soubz l'obéissance et redebvance qu'ils en font à ceulx à qui ils le font sans autre en faire, sinon en tant que par ces présentes y soit desrogé. Et en oultre que si aulcuns exploicts que lesdictes parties auroyent faicts au temps passé et sur les choses dessus dictes qui seroyent contre la teneur de ceste transaction et accords du consentement d'eulx sont effacéz, mis au néant et de nulle valleur et effect auxquelles choses dessus dictes et chascune d'elles tenir, garder, faire et entretenir et accomplir sans jamais faire ne venir encontre et amander et rendre de l'une partie à l'autre coustz, missions, inthérets, despans, d'hommages, et lesdictes parties et chascune d'elles feront jouxte au droict en plaiderie ou aultrement par le deffault des choses susdictes aulcunes d'elles n'ont faictes ne accomplies sen estre et croire au simple sermant de la partie en d'hommages ou de leurs successeurs pour toute preuve, lesdictes parties ont obligé et obligent. Cest assavoir ledit Révérend père en Dieu prieur et relligieux susdit eux et leurs successeurs et tous et chascuns les biens quelzconques de ladicte abbaye et ledit sieur d'Oyrvau, soy, ses hoire et successeurs et tous et chascun ses biens meubles et immeubles présents et futteurs quelzconques, etc.

» En tesmoing desquelles choses nous scelleur et garde du scel dessus dit à la supplication et requeste desdictes parties, qui de se tenir, garder, faire et entretenir et accomplir toutes et chascunes les choses dessus dictes, ont estées à leur requeste et de leur consentement jugées et condampnées par le jugement et condampnation de ladicte juridiction et cohertion de laquelle elles ont supposés et soubmis elles et tous et chascuns leursdits biens quand a ces présentes lettres avons mis, apposé en tesmoing de vérité, donné et faict le tiers jour du mois d'apvril mil quatre cent cinquante-six. Passé par Symon Boucard et Pierre Joubert, nottaires.

» Et dellivré par vertu de compulsoire de Poictiers par André Boucard et Guillaume Marie nottaires au lieu des dits nottaires le dernier mars 1501. »

Nous n'ajouterons aucune réflexion au contenu de cet acte ; les concessions faites par les seigneurs prouvent la validité de leurs titres, et les exceptions accordées, admises en faveur de la partie de la ville connue sous le nom de Bourgneuf, sont une preuve que les religieux reconnaissaient bien à Michel de Liniers l'intégralité de ses droits sur le reste de la cité.

Nous donnerons encore le préambule d'un aveu rendu

le 23 mars 1630 au duc de Thouars par René Ysoré ; nous y verrons que le seigneur d'Airvau jouissait encore à cette époque de la plénitude des droits que ses prédécesseurs avaient possédés et dont ils avaient joui.

René Ysoré déclare tenir de la duché-pairie de Thouars : « 1° son chastel, terre, seigneurie, ville et baronnie d'Oyrvault..... droits de baronnie, chastellenie, justice et juridiction haute, moyenne et basse..... en nostre dicte paroisse et baronnie d'Oyrvault et autres lieux en dependant..... dans laquelle juridiction et destroit de nostre dite baronnie sont situés ladite ville, faubourg et paroisse d'Oyrvault, les bourgs et paroisses d'Amailloux, St-Germain-de-Longue-Chaume, Clessé, Neufvy, Adillé, partie du bourg de Saint-Généroux, Availles et Tessonnière, les villages d'Aubouché en la paroisse de Saint-Pierre de Maulay, la Guischardière et autres lieux qui nous sont rendus par ceux qui tiennent de nous..... fourches patibulaires à quatre piliers [1] construites et érigées au lieu appelé la Mothe-de-Leipron [2] ..... prisons et droit de conciergerie, basse fosse et cachots pour les delinquants, servir et retenir tant pour nous que pour le révérend abbé de l'abbaye de Saint-Pierre en nostre dite ville d'Oyrvault, lequel, lorsqu'il se trouve quelques délinquants en sa terre et destroit en ladite ville et fauxbourgs, ne peut et n'a pouvoir ni ses officiers, informer ni faire et parfaire leur procès, sans nous y appeler ou nos juge et procureur fiscal de nostre dite ville et baronnie

---

[1] La châtellenie ayant été érigée en baronnie, le seigneur, en vertu de cette érection, avait fait établir ses fourches patibulaires conformément à la coutume.

[2] L'on en voit encore les traces.

d'Oyrvault pour y assister, si bon leur semble, et où il se trouve aucuns vagabonds et gens fourains sans adveu ni domicile en son dit destroit et juridiction n'a et ne peut prendre aucune cognoissance de cause sur eux, soit par action civille que criminelle, ains la directe cognoissance nous appartient et à nos dits officiers, etc..... »

Pour terminer ce que nous avons pu recueillir sur la justice seigneuriale, nous allons donner le nom des officiers judiciaires que nous avons pu retrouver dans les titres qui nous sont passés sous les yeux; les dates qui suivent chaque nom sont celles des actes qui nous ont procuré le renseignement.

I. — GRASSETA (Grasseteau) Pierre, chastelain (juge chastelain) d'Oirval pour le seigneur dudit lieu. Le 7 décembre 1371.

II. — ATON (Nicolas) pour Acton, licentié ès loix, conseiller du roi, sénéchal. Septembre 1445 — 8 juillet 1469.

III. — PREVOST (Jehan), sénéchal. Septembre 1483.

Pierre Amaugier, licentié ès loix, était son lieutenant à cette époque, et remplissait encore les fonctions de lieutenant du sénéchal le 3 mai 1496.

IV. — AUBIGNÉ (noble, honorable et saige maistre Anceaulme D'), licentié ès loix, sénéchal. 3 juillet 1510 — 23 juin 1522.

François Amaugier, conseiller en cour laye, était son lieutenant en 1510.

N. Hamaugier (Amaugier?) était garde du scel le 10 décembre 1521.

V. — ESQUOT (Pierre), sénéchal. 27 novembre 1593.

G. Raslou était greffier. 21 janvier 1585 — 20 mai 1598.

En 1583, Jacques des Marays, écuier, sieur du Petit-Maulay, était capitaine du château d'Airvau.

VI. — Belleville (Jehan de), écuier, avocat au présidial de Poitiers, sénéchal. 3 juin 1611.

VII — Vaillant (honorable homme Bonaventure), sieur de Chambonneau, avocat au parlement, sénéchal. 1600—26 juillet 1627.

François Bignoleau, procureur fiscal, mort avant le 1er décembre 1629.

VIII. — Pavin (François), sieur de la Pinière, sénéchal, juge ordinaire civil et criminel de la ville et chastellenie d'Oirvault. Décembre 1650.

IX. — Pavin (François), seigneur de la Maison-Neuve-Mollay, sénéchal et juge ordinaire civil et criminel de la ville, terre et seigneurie d'Oyrvault. 20 avril 1660— 21 mars 1693.

En 1664 (1er avril), N. Pallu était procureur fiscal. Le 21 septembre 1693, c'était N. Charrault.

Le personnel de la justice du marquisat se composait, les 14 septembre 1697 et 6 mai 1706, de :

N. Pavin, sénéchal ;

N. Charrault, procureur fiscal ;

N. Chiquet, greffier.

X. — Pavin (Pierre), sénéchal. 1er décembre 1705-1722.

Nous devons dire qu'entre les n°s IX et XIV, la place de sénéchal a toujours été occupée par la même famille Pavin.

Paul Pallu, procureur fiscal. 1er décembre 1705.

XI. — Pavin (Paul), de la Maison-Neuve-Mollay, sénéchal et juge civil et criminel. 1731—26 juillet 1737.

XII. — Pavin (François), sénéchal 4 juillet et 5 août 1743.

XIII. — Pavin (Jérôme), sieur des Touches, avocat en

parlement, sénéchal. 28 décembre 1753—14 septembre 1766.

XIV. — PAVIN (Jean-Baptiste-Joseph-Félix), sieur de la Chaize, avocat en parlement, sénéchal. 1774.

N. Charrault, procureur fiscal. 13 novembre 1779— 1780.

XV. — LECOMTE (Michel-Pierre), sénéchal. 1786.
Jean Levin, procureur fiscal. 1789.

§ IX.

FIEFS ET FÉODALITÉ.

La terre d'Airvau, avons-nous dit au début de notre travail, est un partage de la maison de Thouars qui fut donné à une fille en mariage, sous la condition de la tenir de la terre de Thouars à foi et hommage lige, et devoir de rachat à mutation de vassal.

Ces quelques lignes font connaître le seigneur dominant de la châtellenie, baronnie, puis marquisat d'Airvau. Nous transcrirons en premier lieu le préambule d'un aveu rendu en 1630, par René Ysoré, à la duché de Thouars, pour son marquisat d'Airvau ; nous relaterons ensuite, autant que possible, les différents fiefs qui en relevaient directement Comme nous l'avons déjà vu par les lettres patentes de Henri II, leur nombre s'élevait à 242 au moins ; mais la majeure partie n'était tenue qu'en arrière-fief. Le seigneur d'Airvau ne recevait les aveux que d'environ 50 de ces seigneuries, et il était dominant des autres.

Les terriers d'Airvau étant perdus, nous avons dû, pour donner le nom de ces fiefs et une nomenclature aussi complète que possible des familles qui en ont été propriétaires, relever dans les archives du marquisat les nombreux aveux qui s'y trouvent encore aujourd'hui, et qui ont échappé aux vicissitudes des temps et aux dents des rats ; ce sera là la base de cette partie de nos recherches, partie malheureusement bien défectueuse; mais les quelques indications que nous avons trouvées et que nous donnons ici-peuvent du moins mettre sur la voie et servir de guide pour un ouvrage plus complet.

Voyons l'aveu de René Ysoré :

« De vous..... René Ysoré, chevalier de l'ordre du Roi, capitaine de 50 hommes d'armes, de ses ordonnances, conseiller en ses conseils d'Etat et privé, baron des baronnies d'Oyrvault, Neusvy........ tenir à foi et hommage lige et à devoir de rachat....à cause de vostre duché et pairie de Thouars..... 1° nostre terre, seigneurie, ville et baronnie d'Oyrvault...... droits de forteresse, pont-levis, fossés, hautes murailles, tours et remparts, le tout à marchepieds et de deffense : droits de baronnie, chastellenie, justice et juridiction haute, moyenne et basse (*voir*, pour la juridiction et justice, § VII); droits de ponts et passage sur la rivière de Thouet [1], pour raison desquels nous avons accoutumé de prendre et percevoir les péages et devoirs de billetes et prevosté à nous en ce regard attribués sur toutes les marchandises et denrées qui passent sur iceux et au dedans de la banlieue de nostre dicte ville. Dans laquelle nostre ville et fauxbourgs d'icelles il a plu au roy

---

[1] Les péages que le seigneur d'Airvau possédait sur les ponts de Viré (aujourd'hui Vernay) et de Soulièvre furent supprimés par arrêt du conseil d'État du 26 novembre 1757.

nous octroyer neuf foires en l'année, et marché le jour de jeudi de chacune semaine, que nous tenons de S. M., avec les droits de prevosté en despendant sur toutes les denrées et marchandises de quelque nature et espèce qu'elles soyent qui s'estallent et débitent ausdictes foires et marchés et autres jours, tels qu'ils sont portés par les lettres d'établissement d'iceux et par la pancarte de Guyenne et de Poictou. Et dans le renclos de nostre dicte ville sont érigées les halles pour tenir lesdictes foires et marchés. »

Voici maintenant le nom des fiefs qui relevaient directement de la seigneurie d'Airvau.

I. *Adillé* (prévôté et sergentise ou sergenterie générale d').

Elle s'étendait sur les paroisses d'Adillé, Amaillou, la Boissière, Chastillon, Saint-Germain-de-Longue-Chaume, etc., et était tenue d'Airvau à foi et hommage lige.

La prévôté et sergentise générale d'Adillé appartenait, en 1630 et 1667, à la famille Chasteigner, branche de Tennesue.

II. *Amaillou*.

La seigneurie d'Amaillou s'étendait sur les paroisses d'Amaillou et Saint-Germain-de-Longue-Chaume; elle était tenue d'Airvau à foi et hommage lige. Nous avons vu qu'en 1437 Georges d'Abin était seigneur d'Amaillou, et qu'à cette époque il fut constaté que le seigneur n'était pas en droit de fortifier son chastel. Cette terre étant passée, nous ne savons comment, dans la famille de Liniers (branche des seigneurs d'Airvau), nous voyons Michel obtenir, en octobre 1469, des lettres royaux qui lui donnent le droit de guet et garde pour son chastel, qui, sans doute, dans l'intervalle avait été fortifié.

En 1551, Amaillou était possédé par François Frézeau, chevalier, du chef de Charlotte Frézeau, son épouse; resté dans cette maison jusqu'au commencement du xviie siècle, il en sortit par le mariage de Georges-Henri de Maillé de la Tour-Landry avec Marianne Frézeau, auquel cette terre tomba en partage. En 1752, Charles-Henri de Maillé de la Tour-Landry la vendit par acte du 17 juin, reçu Chateau, notaire à Parthenai, à Alexis de Liniers, chevalier, dont les descendants la possédaient encore en 1789.

Outre la terre principale d'Amaillou, dite *chastel*, *chastellenie et maison forte*, *environnée de fossés avec pont-levis*, il y avait aussi *le chastel et maison forte* du haut Amaillou; qui, par acte du 9 avril 1620, avait été acquis, par Jacques Frézeau, de Joachim de Liniers, et incorporé à la châtellenie d'Amaillou avec ses appartenances et dépendances de fossés, pont-levis, etc.

Ces deux seigneuries du même nom, sises dans la même localité jettent une certaine confusion parmi la série des seigneurs d'Amaillou. — Nous pensons cependant que l'on peut considérer comme seigneurs du haut Amaillou seulement les personnes suivantes : N. de la Ramée, dame d'Amaillou, épousa vers 1400 Jean du Puy-du-Fou, seigneur des Bois, et lui porta Amaillou; Geoffroy du Puy-du-Fou, seigneur d'Amaillou, qui mourut avant 1521.

Nous ferons remarquer en outre, comme le dit le seigneur d'Airvau dans un aveu de 1630, que « la chastellenie et juridiction d'Amaillou ne pouvoit estre tenue et exercée par un autre juge que par notre sénéchal et juge ordinaire de notre baronnie d'Oyrvault, lequel à ce faire avons droit de commettre, et non le sieur d'Amaillou, et selon les anciens accords et concordats qui en ont esté autrefois faits entre nos prédécesseurs et les siens, et qu'il a encore esté entre nous et defunt messire Jacques Frézeau, chevalier, son père, sieur desdits lieux de la Frézelière et d'Amaillou. »

Les principaux fiefs qui relevaient d'Amaillou étaient :

1° La maison de la Mothe-de-Faugery, renfermée de pont-levis et de fossés, tenue à foy et hommage lige et à rachapt ;

2° L'hôtel et maison noble de la Fourchelinière, en la paroisse d'Amaillou, tenu à foi et hommage plein, *plect*, et cheval de service ;

3° La métairie de la Jonnelière, à foi et hommage et à rachapt ;

4° Portion du fief de la maison de la Roche-de-Maupertuis, en la paroisse d'Amaillou, tenu à foi et hommage lige et à rachapt ;

5° Partie du fief de la maison noble de Vieillefonds, paroisse de Saint-Germain-de-Longue-Chaume, tenu en franc gariment et au devoir d'une paire de gants à mutation de vassal ;

6° Le fief de Baroy,

7° Le fief de la Brelandière,

8° Le fief des Blainières,

9° Le fief des Audinières, situés paroisse d'Amaillou et de Saint-Germain-de-Longue-Chaume, ainsi que plusieurs autres menus fiefs.

III. *Auboué.*

Le fief d'Auboué était situé dans la paroisse de Saint-Pierre-de-Maulay.

Le premier aveu de cette terre que nous ayons trouvé est de 1442, et fut rendu par un membre de la famille de Terves, dans la maison duquel elle resta jusqu'à la fin du xviᵉ siècle; elle passa alors dans celle de Chambret. En 1664, Henri de Mondion se qualifie seigneur d'Auboué, comme principal héritier de feu René Chambret.

La terre d'Auboué était, en 1693, possédée par la famille de Laspaye de Saint-Généroux, que nous retrouvons encore en 1766.

Il y avait dans l'étendue de cette seigneurie deux maisons nobles qui portaient également le nom d'Auboué et relevaient l'une et l'autre du fief principal.

L'une d'elles resta jusqu'en 1631 dans la famille de Terves, et, le 26 septembre de cette année, Isaac de Terves, écuyer, la vendit à Emery Rambault, sieur du Vignault. L'autre était possédée en 1630 par Pierre Aubineau, écuyer, comme fils et héritier de feu Mathurin Aubineau, écuyer, et de demoiselle Françoise de Terves, ses père et mère. On voit par là que ces deux maisons nobles n'étaient qu'un démembrement du fief principal.

IV. *Availles.*

Ce fief, dont le *chastel* était situé paroisse d'Availles en Thouarçais, ou sur Thouet, devait hommage plein, plect, et cheval de service, ledit hommage *abonny à un verrat ayant une chaisne de fer en le col apprécié à deux sols six deniers*, à chacune mutation de vassal.

Nous avons retrouvé dans le trésor du marquisat d'Airvau un assez grand nombre d'aveux concernant Availles. Le premier est de 1380, et fut rendu par un membre de la famille de Poiz (Adam de Poiz, chevalier). Passé dans la famille Acton à la fin du xve siècle, Availles y resta jusqu'au milieu du xvie, qu'il entra dans la maison des Eschallard par le mariage de Loyse Acton avec Antoine Eschallard, écuyer, seigneur de Maillé; puis enfin passa aux Saint-Georges par l'alliance contractée par Madeleine Eschallard avec Hector-Louis de Saint-Georges, le 15 janvier 1719.

V. *Barbot* (fief), aliàs *Maçonnerie en Airvau*.

Ce fief était situé dans l'intérieur même de la ville d'Airvau, et l'on voit encore la maison de la Maçonnerie près du carrefour formé par la rencontre des rues Rabotier-Caillon, de Bretagne et des deux jardins touchant presque à l'ancienne porte de Bretagne. Ce fief a été possédé, vers 1763, par René de Rangot, et il était, en 1784, la propriété de Luc-Jérôme de Gibot, écuyer, du chef de Marie-Paule de Jaudonnet, son épouse.

VI. *Barrou*.

Ce fief, qui était qualifié fief de borderie herbergée de Barrou, fut plutôt connu sous le nom de *fief des Frères*, qu'il avait reçu de la famille Frère (qui habite encore aujourd'hui près d'Airvau la propriété d'Argentine), et qui le posséda longtemps. Nous renvoyons à ce mot.

VII. *Berlucan* ou *Brelucan*.

Ce fief, situé paroisse d'Airvau, touchant à la ville et sur le chemin qui conduit de Soulièvre à Saint-Jouin à droite, était possédé : en 1703, par Charles-Michel de Villière et les *hoirs feu Jehan* de Belleville; vers 1763, par René-Louis de Linax, écuyer, du chef de Jeanne-Thérèse Vincent, son épouse, fille de feu Jacques Vincent de la Ravardière, conseiller au présidial de Poitiers, et de dame Thérèse Drouineau. Les de Linax en étaient encore propriétaires en 1775.

VIII. *Boisbenest*.

Le fief de Boisbenest était situé paroisse de Nevy, au lieu de Rochevineuse, dont plus tard il prit le nom. (*Voir* Rochevineuse.)

IX. *Boisnerbert*.

Le fief de Boisnerbert s'étendait dans les paroisses de Nevy et de Largeasse.

Le premier aveu que nous ayons retrouvé est de 1460, et rendu par Jean Chambret, écuyer, seigneur de Boisnerbert du chef de Perrette *Filecte*, son épouse. Il resta dans cette maison jusqu'en 1600 environ, qu'il était possédé par Jean de la Roche, écuyer, seigneur du Colombier.

En 1637, nous le trouvons entre les mains de Louis de la Tousche, chevalier, seigneur de Vieillelande, du chef de Renée de la Tousche, son épouse, et, le 27 septembre de cette même année, il le cédait, par acte d'échange, reçu Ragot et de la Ville, notaires à Thouars, à N. Gourdon, marchand à Bressuire Il était encore dans cette dernière famille en 1758, et à cette époque possédé par *messire* Pierre-Alexandre Gourdon, *écuyer*, *seigneur* de Boisnerbert, qui assistait en cette qualité au ban des nobles de Poitou convoqué à cette époque. Le marchand de Bressuire eût-il bien reconnu son petit-fils en si noble compagnie?

X. *Bonnelière (la)*.

Possédée dans l'origine (de 1358 jusqu'au milieu du xve siècle) par la famille de Pougnes ou Poignes, la Bonnelière, située paroisse de Nevy, passa, avant 1443, dans celle d'Enjauger ou Enjoger, par le mariage de Loyse de Pougnes avec Loys Enjauger, qui sans doute n'eurent pas de postérité, car elle fit retour, vers 1490, aux de Poignes, et tomba en partage aux de Laines ou de Lènes, sieurs de Longueville, par suite du mariage contracté entre Loys de Longueville (de Laire) et Loyse de Pougnes, avant 1438. Elle resta dans cette maison jusqu'au premier quart du xviie siècle, et elle était, à cette dernière époque, possédée par la famille Vincent, dont nous avons parlé précédemment. (*Voir* Berlucan.)

XI. *Bordes-Blandin (les)*.

Les Bordes-Blandin étaient qualifiées de borderée (ou borderie) de terre, où se trouvait l'hôtel des Brousses. Nous n'avons rencontré qu'un bien petit nombre de titres qui les concernassent. Ils regardent seulement le xve siècle, et prouvent que de 1449 à 1487 ce fief était la propriété de la famille Audayer.

XII. *Chesnaye (la).*

Ce fief, possédé en 1386 par Jean Bruyllart, comme époux de Catin (Catherine) Grandielle, était encore, en 1442, dans cette maison. Nous n'avons depuis cette époque trouvé aucun renseignement à son sujet autre que celui indiquant René Gourbellier, écuyer, comme seigneur de la Chesnaye en 1522.

XIII. *Chevallerie (la).*

Le fief de la Chevallerie, sis à Availles-sur-Thouet, était, en 1583, la propriété de la famille Serin de la Cordinière Comment et à quelle époque passa-t-il aux Eschallard ? Nous n'avons rien retrouvé à cet égard; mais, en 1742, Hector-Louis de Saint-Georges (*voir* Availles) se qualifiait de seigneur de la Chevallerie, du chef de Madeleine Eschallard, son épouse, et ses descendants la possédaient encore en 1760.

XIV. *Chiron-Bernou (le).*

Ce fief, qui s'étendait sur les paroisses de Borc Saint-Jouin, Jumeaux, Availles et Iraye, était, en 1397, entre les mains de la famille Poupart. Passé avant 1419 à Loys Vigier, par son mariage avec Marie Poupart, il resta, nous ne savons combien d'années, dans sa maison. En 1642, Uriel de la Ville, sieur de Baugé, sénéchal de Thouars, était seigneur du Chiron-Bernou, puis, en

1651, François de Meschinet, écuyer. En 1688, Marguerite le Tellier, comme veuve de Charles d'Armagnac, en rendait aveu à la baronnie d'Airvau, et en 1724 Gabriel le Coigneux, baron de la Roche-Turpin, en rendait un autre du chef de Marie-Thérèse d'Armagnac, son épouse.

XV. *Clessé.*

Le fief de Clessé, qui s'étendait sur les paroisses de Clessé et de Nevy, était tenu d'Airvau à foi et hommage lige et à rachapt.

De 1399 à 1475, il était possédé par la famille Barret. Le dernier aveu rendu par cette maison l'est par dame Jehanne Barret, veuve de Simon Mourault. De cette époque jusqu'en 1584, nous ignorons le nom de ses propriétaires. Jacques Thibert en était seigneur à cette date et encore en 1622; puis, en 1630, nous trouvons Jehan le Blanc, seigneur d'Amberre et de Clessé. En 1639, nous voyons Louis Sochet, écuyer, seigneur de Villebouin, se qualifier de seigneur de Clessé; en 1640, René de Saint-Jouin, écuyer. En 1650, il était entre les mains de la famille Maynard, et enfin, en 1759, de François-Charles du Tiers, magistrat au présidial de Poitiers.

XVI. *Couture (la).*

L'hôtel de la Couture était situé paroisse de Bouillé-Lorete; nous n'avons que peu de renseignements sur ses propriétaires; nous savons seulement qu'en 1630 et 1651 il était possédé par la famille de la Roche, et en 1750 par dame Louise-Françoise de Vaugiraud, fille aînée de feu Jacques de Vaugiraud, chevalier.

XVII. *Fortranchère (la)*.

Cette seigneurie, qui s'étendait dans les paroisses de Clessé, Hérisson. Iraye, Nevy et Pougnes, était possédée en 1651 par Jeanne de la Longueraire, veuve de Jacques Garnier, écuyer, seigneur du Breuil. Le 18 juillet 1725, Charles-Emmanuel de la Vieuville, abbé de Notre-Dame de l'Absie, monastère auquel cette seigneurie appartenait alors, en rendait hommage au marquisat d'Airvau.

XVIII. *Fortinière (la)*.

La juridiction de la Fortinière étendait son ressort sur portion des paroisses de Clessé, Hérisson, Largeasse et Nevy. De 1630 à 1742, elle était possédée par la famille Maynard, et en 1773 par Louis-Charles Maurat, écuyer.

XIX. *Frère (le fief des)*, aliàs *de Barrou*.

Le fief des Frère s'appelait originairement, comme nous l'avons déjà dit, fief de Barrou, était situé au village de Barrou, et s'étendait dans les paroisses de Soulièvre et de Tessonnières.

En 1417, nous trouvons Jean Gaillard qui rend aveu du fief de Barrou, du chef de Perrote Bischaude, son épouse. En 1449 il était encore possédé par la famille Bischaud; puis, en 1451, nous retrouvons Jehan Gaillard le jeune qui en rend aveu comme époux de Jacquette

Bischaude. Il ne resta pas longtemps la propriété des Gaillard, car en 1487 Etienne Frère en était seigneur, du chef de sa femme Jacquette Gaillard, et, après environ deux siècles, nous trouvons (1651) Claude de Rangot, seigneur du fief des Frère, au lieu de Pierre Frère, dernier propriétaire de cette maison ; il resta la propriété des de Rangot au moins jusqu'en 1779.

XX. *Fricqueterie*.

Ce fief, qui s'étendait dans les paroisses d'Airvau et d'Availles, était, en 1651 (24 avril), possédé par Pierre Rousset, écuyer.

XXI. *Garrelière (la)*.

Le fief de la Garrelière, qui était compris dans la paroisse de Nevy, relevait en partie d'Airvau et en partie d'Argenton-Château.

Possédé en 1431 par Nicolas Bodet, écuyer, il resta la propriété de sa maison jusqu'à la fin du XVI° siècle, qu'il vint à la famille Darrot par le mariage de Marie Bodet avec Charles Darrot, écuyer, seigneur de la Poupelinière ; il était encore entre les mains des Barrot en 1651.

Mais la famille Bodet ne possédait pas la totalité de cette seigneurie, car, concurremment avec elle, nous voyons les Gabriau se qualifier seigneurs de la Garrelière de 1591 à 1706, et en 1726 un membre de la famille Richeteau en rendait aveu ; peut-être était-il entré dans sa maison par suite du mariage de Pierre de Richeteau avec Renée Gabriau.

La Garrelière est désignée dans les aveux sous la qualification de « mazure de terre herbergée, et tenue d'Airvau à foi et hommage lige, abonny (abonné) à 60 francs à mutation d'homme. »

XXII. *Gelinettes (fief des).*

Ce fief appartenait, en 1760, à la famille de Vieilbanc. Nous ne savons où il était situé.

XXIII. *Guichardière (la).*

La Guichardière était, en 1651, entre les mains de René de Vandel, écuyer, seigneur de Vernay, qui en rendait aveu; la Guichardière relevait en partie d'Airvau et en partie de Vernay.

XXIV. *Jaunassé (fief de).*

Le fief de Jaunassé s'étendait dans les paroisses de la Boissière, Clessé, Hérisson, Louin, Maisontière, Nevy, Pougnes, St-Aubin, le Clou, St-Loup, Tessonnières, etc., et était tenu d'Airvau à foi et hommage plain, ledit hommage abonny à 10 liv. et *un esperon doré.*

Ce fief a fréquemment changé de maîtres. En 1503 et 1513, nous le trouvons possédé par la famille du Plessis; en 1520, par les Montfaulcon; en 1565, par les du Bouchet, qui avaient, à la même époque, la terre de Puye-Ogier; en 1560, il était entre les mains de Pierre Sabourin, praticien, licencié ès loix, etc. Resté à ses descendants jusqu'en 1630, il appartenait, à cette époque, à Pierre Guillemard, écuyer, du chef de Nicolas Sabourin, son aïeul.

En 1640, René de St-Aubin, écuyer, se qualifie de seigneur du fief de Jaunassé, du chef de Catherine Maynard, son épouse. Les Maynard en étaient seigneurs de 1651 à 175..., et, le 18 juillet 1735, Georges Chessé, chevalier, agissant comme héritier de Charles Maynard, doyen de Ste-Croix de Parthenai, héritier lui-même de Françoise de Chambes, le vend à François-Charles du Tiers, magistrat au présidial de Poitiers.

XXV. *Luraire-Girardière*.

Ce fief, sis paroisse d'Adilly, était, en 1759, possédé par la famille de Rangot.

XXVI. *Mazures (les)*.

Ce fief, situé aux environs de Louin et de St-Loup, était possédé, en 1522 et encore en 1759, par la famille Sauvestre de Clisson.

XXVII. *Missé*.

La seigneurie de Missé était, en 1438, la propriété de Jeanne Demasse dite de Lestang; en 1442 et 1467, des de Massougnes; en 1487 et 1529, des Poupart; passée aux Cymetière, elle vint par dame Marie Baillif, épouse de Jean Hugnot-d'Houdan, à cette famille, qui la possédait en 1737, et elle était indivise entre elle, les Jarry, etc.

Missé ne relevait pas en entier d'Airvau; une portion, qui appartenait, vers les mêmes époques, aux du Bellay, portait son aveu à Thouars.

XXVIII. *Noireterre-en-St-Généroux.*

Ce fief, possédé en 1493 par Gilles Clérembault, du chef de Jeanne Chappron, son épouse, resta dans cette maison au moins jusqu'en 1550. Ici nous avons une lacune jusqu'en 1603, que nous le retrouvons entre les mains de la famille Brion, qui le posséda jusqu'en 1695. En 1744, il appartenait à Charles-André de Laspoix, et en 1759 à Joseph de Malafosse de Couflour, chevalier de St-Louis.

XXIX. *Orbesouze.*

Le fief d'Orbesouze appartint à la famille de Linay, qui en rendit aveu de 1539 à 1656. La famille de Chasteigner en fut ensuite seigneur depuis environ 1660 jusque vers 1763.

XXX. *Plessis-Neuf (borderie herbergée du).*

La borderie herbergée du Plessis-Neuf était située paroisse de Clessé. Nous avons retrouvé des aveux de 1345 jusqu'en 1550 rendus par la famille Gourbellier (aujourd'hui éteinte); elle appartenait en 1583 à la famille Maynard, et en 1630 à Hector de la Haye, écuyer.

XXXI. *Pugny (hôtel noble de).*

La juridiction de cette seigneurie s'étendait sur les paroisses d'Airvau, d'Availles et de Soulièvres. Cet hôtel noble appartint environ un siècle aux Appelvoisin, dans la famille desquels il était entré vers 1370, par le mariage de Jean avec Héliotte de Coloigne, fille et unique héritière de Geoffroy, *aliàs* Hugues de Coloigne, seigneur de Pugny, et elle en sortit en 1480 par le mariage d'Anne d'Appelvoisin avec Léon de Ste-Maure, des seigneurs de Montauzier. En 1545, Geoffroy de Nuchèze en était seigneur, et composait, le 14 septembre, avec le baron d'Airvau pour le rachat de son fief. Puis, après une lacune de près d'un siècle, nous le voyons, en 1630, entre les mains de Louis Sochet, écuyer, seigneur de Villebouin; et enfin, en 1743, François-Henri de Lomeron, écuyer, se dit seigneur de Pugny, comme fils et héritier de feu Louis de Lomeron, chevalier, qui l'avait possédé comme époux de Marie Sochet, fille de feu Julien Sochet, chevalier, seigneur de Villebouin.

Nous ferons observer qu'il y avait deux fiefs du nom de Pugny, l'un desquels était situé paroisse de Pugny, et l'autre, dit Pugny en Airvau, consistait probablement en un *hôtel noble* sis au chef-lieu du marquisat. Après avoir été réunis dans une même main pendant longues années, ils furent séparés par vente ou autrement; la terre de Pugny resta aux Ste-Maure, et elle relevait de Thouars. Nous avons vu quels furent les seigneurs de l'hôtel noble.

XXXII. *Puy-Bertin*.

Le fief de Puy-Bertin, composé principalement de bois, était situé dans la paroisse d'Amaillou. En 1402, Jean d'Abin s'en qualifiait seigneur, du chef de U. de Chausseroy, son aïeul. En 1460, Jean de la Court, écuyer, en était propriétaire, comme époux de Marie d'Abin, et enfin, en 1468, Jacquette de la Ramée, veuve de feu Jean du Puy-du-Fou, se qualifie de dame de Puy-Bertin.

XXXIII. *Puy-en-Clessé.*

Fief situé dans la paroisse de Clessé. Il était, en 1396, possédé par la famille d'Argenton, et en 1399-1450 par la famille Barret.

XXXIV. *Puy-Ogier*, aliàs *Pioger.*

Il y avait deux fiefs de ce nom : l'un, dont le château ruiné existe encore paroisse d'Availles, relevait de Thouars; l'autre, dit l'hôtel de Puy-Ogier, *aliàs* Pioger en Airvau, était situé dans Airvau même. La mairie, le prétoire de la justice de paix et la gendarmerie l'occupent, si je ne me trompe, aujourd'hui. Cet hôtel a toujours, croyons-nous, appartenu aux mêmes propriétaires que le fief de Puy-Ogier; du moins voyons-nous les possesseurs rendre concurremment, et pendant un assez long laps de temps, hommage de l'un au vicomte de Thouars, et de l'autre au seigneur d'Airvau.

Le 29 novembre 1393, Puy-Ogier appartenait à Fouquet Petit, écuyer; de 1407 à 1561, il resta la propriété des du Bouchet Boschet, Bouchet et du Bouchet), qui, après avoir été famille de robe, firent mentir le proverbe, embrassèrent le parti des armes et marquèrent d'une si terrible manière dans nos guerres de religion. Nous savons tous quel rôle joua, dans la prise de Poitiers, en 1562, Lancelot du Bouchet, sieur de Sainte-Gemme. Marie du Bouchet, sa sœur, avait, le 27 juin 1561, vendu à Artus de Cossé, seigneur de Gonnor, maréchal de France, son beau-frère, la terre de Puy-Ogier et ses dépendances, dans lesquelles était compris l'hôtel de Puy-Ogier en Airvau. Passé à Charles de Montmorency, seigneur de Dampville, par son mariage avec Renée de Cossé, il vint ensuite aux du Bellay au commencement du XVII° siècle, et il était en 1697, par le mariage d'Eléonore du Bellay avec Jean Rogier, dans cette dernière maison. Après une lacune d'environ un siècle, nous le retrouvons possédé par Jacques-Laurent Herbert de Grammont; en 1741 et en 1779, par Denis de Bussy, du chef de Madeleine-Hardouine Herbert de Grammont, son épouse.

XXXV. *Ragonnières (les)*.

Le fief des Ragonnières était, en 1584, possédé par Pierre des Nouhes, du chef de Renée des Nouhes, son épouse; en 1615 et 1618, par Charles de Linay, écuyer, et en 1655, par dame Jehanne de Meulles, épouse et séparée de biens de messire François le Petit de Vernol, écuyer, seigneur de Chausseroye. Il était situé paroisse de Clessé.

XXXVI. *Renardières (les)*

Nous trouvons Baltazard Eschallard, écuyer, seigneur d'Availles, qui rend hommage de ce fief en 1651.

XXXVII. *Rétière-en-Nevy (la)*.

Possédée en 1552 par André de la Roche, seigneur de Rochevineuse; en 1555, par René de Roussaye ou Ronssaye, écuyer; en 1651, par N. Vincent, et en 1776, par Jacques-François Chevallereau, fils de feu François Chevallereau, sieur de la Rétière.

XXXVIII. *Roche-de-Maupertuis (herbergement de la).*

Nous avons déjà fait observer que nous avions trouvé des aveux rendus simultanément pour ce fief, situé près d'Amaillou, à Thouars, Airvau et Amaillou.

Il était possédé, en 1397 et 1401, par *Jehan* de Coloigne, chevalier, du chef de Marie de Chausseroye, son épouse; en 1445, par Perceval d'Appelvoisin, chevalier, et en 175..., par François de Laclau.

En 1630, dans un aveu rendu à Thouars par René Ysoré pour sa baronnie d'Airvau, nous trouvons la mention suivante : « *Item* tient de lui (du seigneur d'Amaillou), René de Jaudouyn, écuyer, seigneur de la Roche-Maupertuis, sa maison de la Roche-Maupertuis, à foi et hommage lige et à rachat. »

XXXIX. *Roche-Gabard (hôtel et gaignerie de).*

L'hôtel et gaignerie de Roche-Gabard appartenait en 1487 à la famille Bussonneau, et elle le posséda jusqu'en 1546, que nous voyons paraître Joseph Chiche, écuyer, qui se dit seigneur de la Roche-Gabard, comme ayant droit et transport de Claude Bussonneau, ci-devant écuyer, seigneur dudit lieu En 1583 et 1606, René Gaschinard, sénéchal de Thouars, se dit seigneur de la Roche-Gabard. En 1633, nous trouvons comme dame de ce lieu Anne de Rays ou de Roys, veuve et donataire de feu Christophe de la Coste, écuyer et capitaine du château de Clisson en Bretagne. Le 3 août 1655, Pierre Maynard, chevalier, seigneur du Petit-Puy, vend sa terre de Roche-Gabard à Philippe le Bascle, trésorier de France au bureau des finances de Poitiers, et ce dernier ne la conserva que peu d'années, car en 1664 elle était revenue dans la famille Maynard.

XL. *Rochevineuse*, aliàs *Boisbenest*.

Cette terre et seigneurie, située au lieu de Rochevineuse (paroisse de Nevy), dont elle prit le nom par la suite, est indiquée dans les aveux sous la simple qualification de *quarteron de terrre herbergée*.

Possédée dès 1369 par les Nuchèze, elle passa aux Montalembert vers 1430, par le mariage de Catherine de Nuchèze, dame dudit lieu et de Rochevineuse, avec Jacques de Montalembert; elle resta dans cette maison jusque vers 1490, qu'elle passa dans la famille de Valory, du chef d'Isabeau de Montalembert, épouse d'Antoine de Valory; elle y était encore en 1510; mais nous la trouvons dans la famille Robin peu de temps après (1521); et dans celle de la Longueraire en 1584. En 1629 et 1630, Jacques Garnier était seigneur de la maison noble, terre et seigneurie de Rochevineuse, du chef de Jeanne de la Longueraire, son épouse.

Une note sans date nous fait connaître une vente de la seigneurie de Rochevineuse par Marie-Jean Fumée, chevalier, et dame Marie-Catherine de Brilhac, son épouse, à demoiselle Marie-Madeleine de Richeteau, qui, par son mariage avec Marc-Antoine de Nuchèze (1744), la fit rentrer, après 300 ans, dans la maison qui l'avait possédée naguère.

XLI. *Rollaire.*

Possédée par la famille Robin de 1444 à 1487. René de Roussay ou Ronssay, écuyer, en rend aveu en 1552, du chef de Bernardine Arembert, son épouse; elle était entre les mains de la famille Yongues en 1584, des de Liniers en 1603, de Charles Micheau, en 1615, et enfin de N. Vincent en 1651.

XLII. *Rousseline.*

La maison de Rousseline, près la ville d'Airvau et sur le chemin qui conduit au pont de Vernay, était possédée en 1651 par Catherine Charrier, veuve de Mathurin Pallu, au lieu de Philippe Ogeron, écuyer.

XLIII. *Savarière (la).*

Ce fief consistait principalement en prairies, et était situé paroisse de Nevy. En 1405, Jean Dogne en rend aveu comme époux de Perrotte de la Brosse, et en 1437, Jean Rousseau, du chef de Jeanne Dogne, sa femme. Les Rousseau en étaient encore propriétaires en 1450; en 1454, il était passé dans la famille Maynard, qui le posséda jusqu'en 1651 au moins. Nous voyons en 1662 Thomas Mestayer, sieur du Chesne, lieutenant général de la maréchaussée de Thouars, qui en rendit aveu en 1684; en 1697, Marguerite Mestayer sa fille, et en 1699,

René Falloux, président en l'élection de Saumur, du chef de ladite Marguerite, son épouse.

XLIV. *Sénéchaux (le fief aux).*

Ce fief, situé paroisse de Clessé, resta pendant au moins trois siècles la propriété des familles Fournigaud et de Linay. De 1381 à 1434, il était à cette première maison, et passa, vers cette seconde époque, aux de Linay par le mariage de Pierre avec Nicole Fournigaud. En 1743, il était passé à René Vincent, conseiller au présidial de Poitiers et juge conservateur des priviléges royaux de l'université, et en 1771 à Pierre de Belhoir de la Paire, fils de Jacques de Belhoir; mais nous ignorons si ce dernier en avait été propriétaire.

XLV. *Soulièvre.*

Le fief de Soulièvre était situé dans la paroisse du même nom ; il est qualifié, dans quelques aveux, de *chastel, maison noble et seigneurie de Soulièvre*. Par une transaction sur procès, qui eut lieu le 11 avril 1645, le duc de Thouars est reconnu seigneur suzerain [1] et chastelain de la paroisse de Soulièvre, et le seigneur dudit lieu demeure ès droits de fondation, sépulture, armoiries, bancs et autres droits *qui a fondateur appartiennent* et comme ses prédécesseurs en ont joui.

La seigneurie de Soulièvre fut possédée, de 1397 à 1529,

---

[1] L'on se rappelle nos observations sur les mots *seigneur suzerain* et *seigneur dominant ;* le seigneur d'Airvau était le dominant de Soulièvre.

par la famille de Fonbrenner, qui depuis longtemps est éteinte. Sortie de cette maison en 1530, par le mariage de Pierre des Hommes, écuyer, seigneur du Lys, avec Claude de Fonbrenner, elle était, dès 1548, passée aux de Vandel, Louis de Vandel, seigneur de la Maynardière, ayant épousé Jeanne de Fonbrenner, sœur de Claude, qui sans doute mourut sans enfants; elle leur advint soit directement, soit par représentation. Les de Vandel en restèrent propriétaires jusqu'en 1636, qu'elle fut attribuée, par partage du 11 avril, à Marie de Vandel, épouse de Lancelot de Liniers. Depuis cette époque jusqu'en 1789, Soulièvre resta dans cette dernière maison.

XLVI. *Tousche (la)*.

Nous n'avons pu réunir que bien peu de détails sur ce fief; nous savons seulement que, de 1529 à 1561, il était possédé par la famille Drouhet.

XLVII. *Triou-en-Clessé*.

Le fief de Triou-en-Clessé appartenait, au milieu du XVIIe siècle, à la famille Maynard.

XLVIII. *Vernay*.

La terre de Vernay, sise paroisse d'Airvau, appartenait en 1383 à N. le Bon de Dolles (*sic*), du chef de Marie Ratault, son épouse; passée aux de Rougemont avant le 26 février 1471, par le mariage de Jean avec Marie de Fonbrenner, dans la maison de laquelle elle était entrée nous ne savons comment, elle resta aux

Rougemont jusque vers 1547, car le 15 juin de cette année Jacques des Sols, écuyer, rend aveu de Vernay, du chef de Renée de Rougemont, son épouse. En 1598, Antoine de Landerneau, écuyer, en était seigneur, comme époux de Renée de Cosmes. Le 11 décembre 1608, Joachim de Vandel l'échangea audit Antoine Landerneau. Il resta jusque vers 1675 dans cette maison, en sortit par le mariage de Pierre du Drac avec Marguerite Vandel ; Silvain du Drac, leur fils, s'en qualifie seigneur dès le 9 août 1675, et elle passa à la maison Ferrand, qui la possède encore aujourd'hui, par le mariage de Michel avec Geneviève du Drac, fille et unique héritière de Silvain, précité

Dans un aveu de 1650, on trouve Vernay qualifié d'*hotel noble et maison forte, le tout enfermé de murailles.*

Vernay avait un assez grand nombre de fiefs dans sa mouvance.

XLIX. *Vieillefonds.*

Une partie seulement de ce fief relevait d'Airvau ; l'autre était tenue de la châtellenie d'Amaillou.

De 1436 à 1455, il appartenait aux Saint-Aubin ; en 1482, Jeanne Fournigaud, veuve de Pierre Roigne, sieur de Boisvert, se qualifie dame de Vieillefonds. En 1486, l'on trouve Jean Cresson, seigneur de Vieillefonds ; en 1499, Pierre Roigne rend aveu de Vieillefonds comme époux et du chef de Jeanne de Conzay. Nous le trouvons ensuite aux de Linax jusqu'en 1585. En 1630 et 1667, aux de Liniers.

7

L. *Villeguay.*

La terre de Villeguay s'étendait sur les paroisses d'Amaillou, Saint-Germain-de-Longue-Chaume, Clessé et Adillé; elle est qualifiée de *maison forte* dans des aveux de la fin du xvie et au commencement du xviie siècle. Elle appartint aux de Linax de 1582 à 1674, et vers 1763 elle était la propriété de Jacques de Belhoir de la Paire.

LI. *Villeneuve-d'Assay (grande dîme de).*

Cette dîme était assise paroisse d'Assay; elle appartenait en 1449 à Jehan de la Chaussée, chevalier. En 1473, le 5 août, nous avons trouvé une procuration pour rendre aveu de cette dîme au seigneur d'Airvau, donnée par Philippe de Comynes, seigneur de Bersuyre, prince de Tallemond, etc., comme ayant droit et transport de feu messire Jean de Jambes (de Chambes), en son vivant seigneur de Montsoreau, et de dame Jehanne Chabot son épouse. Signé de main originale : Comynes.

En 1482, Jacques de Grignon, prêtre, rend aveu de cette dîme comme héritier de dame Marie de la Chaussée, sa mère. Cette terre resta, jusqu'à la fin du xvie siècle environ, dans la famille de Grignon; mais pendant quelques années elle n'en était pas seule propriétaire, car en 1531 nous trouvons un aveu rendu par les hoirs de feu François Bigot, écuyer, et en 1538 un autre par Louis Bigot. Passée, au commencement de 1600, aux Chevalier de la Coindardière, elle y resta, croyons-nous, jusqu'en 1789, mais au moins jusqu'en 1766.

LII. *Villeneuve-en-Nevy.*

L'hôtel et maison noble de Villeneuve, paroisse de Nevy, possédé en 1498 par la maison de Chastillon, passa ensuite, croyons-nous, aux du Bouchet, par ces derniers aux de Cossé, et ensuite aux Montmorency (*V.* Puy-Ogier), en 1603, par le mariage de Charles de Montmorency avec Renée de Cossé.

Il appartenait en 1630 aux de Jaudonnet, seigneurs de Lavauricher, et était encore dans cette maison en 1680.

LIII. *Yzambert (hôtel d').*

Nous aurions quelque penchant à croire que c'est le même fief dont nous avons parlé plus haut sous le nom d'hôtel de la Couture, mais, n'ayant trouvé aucune preuve positive pour justifier cette assertion, nous nous contentons de l'émettre.

L'hôtel d'Yzambert était situé au bourg d'Availles et possédé, en 1604, par Pierre de Brachechien, écuyer.

Nous eussions désiré donner un aperçu du revenu du marquisat, mais nous n'avons pu réunir aucun des éléments nécessaires pour établir une pareille évaluation. Tout ce que nous pouvons dire à cet égard, c'est que, d'après M. de Maupeou, intendant du Poitou, cité par Boulainvilliers, les revenus de la terre d'Airvau s'élevaient à 3,000 livres en 1698.

DEUXIÈME PARTIE.

L'ABBAYE.

§ I.

La liste des abbés du monastère de Saint-Pierre d'Airvau donnée par nos doctes compatriotes les frères Sainte-Marthe est malheureusement incomplète ; une longue lacune de près de deux siècles dépare ce beau travail.

Cette lacune, nous avons été assez heureux pour la combler. Grâce aux obligeantes communications de feu M. l'abbé Georget, curé d'Airvau, nous avons pu rétablir dans son intégrité la série des pasteurs préposés à la garde de ce petit troupeau ; ces notes, émanées de D. Patural, ce respectable et dernier débris des savants enfants de Saint-Benoît dans notre Poitou, me paraissent être une copie de l'obituaire de l'abbaye ; malheureusement l'annaliste ne mentionne que la date du jour et du mois du décès de chaque abbé qu'il inscrit sur son registre funèbre, sans nous faire connaître l'année ; il ne donne aucuns détails sur la gestion des abbés réguliers ; sans doute qu'il n'avait que du bien à en révéler ; mais vienne le jour où l'abbaye sera devenue commendataire, alors la notice sur quelques-uns de ces hauts dignitaires prendra des proportions inusitées, et d'amers reproches découlant de sa plume viendront témoigner que les temps apostoliques n'étaient plus.

A ces documents nous avons ajouté ceux que notre inépuisable D. Fonteneau nous a fournis et ceux que nous devons à la complaisance de M. Rédet, ce collègue obligeant dont la main toujours ouverte livre si généreusement les trésors historiques à la garde desquels il est préposé.

§ II.

A quelle époque et dans quelles circonstances fut fondée l'abbaye de Saint-Pierre d'Airvau?

La charte de fondation n'existant plus, nous ne pouvons, sur l'un et l'autre point, que présenter de simples conjectures.

Nous avons, dans la première partie de ces recherches, émis l'opinion (toute personnelle) qu'Hildéardix éleva ce monument pour implorer la miséricorde divine en faveur de son époux décédé.

Cette manière de voir a bien pour elle l'avantage de répondre aux deux questions que nous nous posions plus haut, et, en l'admettant, les difficultés sont résolues, car Herbert mourut vers 973. L'époque serait donc la fin du x⁰ siècle, et, quant aux motifs, ils sont bien en rapport avec les usages de nos ancêtres, qui, par de pieuses fondations, cherchaient à fléchir la justice de Dieu en faveur d'êtres chéris et regrettés. Mais cette opinion a le grand tort, selon nous, de n'être qu'une simple hypothèse, qui, si elle n'est condamnée par aucuns documents, ne peut non plus s'étayer d'aucunes preuves.

En effet, le seul acte qui ait pu traverser les neuf siècles bientôt écoulés qui nous séparent de cette époque, l'acte qui monumente la réforme qu'opéra, en 1095, Pierre II, évêque de Poitiers, dans ce monastère, cet acte est muet sur les motifs qui déterminèrent Hildéardix à consacrer une partie de ses biens à cet usage pieux.

Nous donnons ici le texte de ce précieux document, que Besly (*Évêques de Poitiers*, p. 825), et la *Gallia christiana* (t. II, col. 1386) ont déjà publié; mais nous l'avons revu et collationné avec soin sur l'original même, conservé par M. Calixte de Tusseau, qui le considère avec raison comme la pièce la plus intéressante de la riche collection de titres qu'il possède sur le pays qu'il habite.

« Quia præcedentium sanxit authoritas parentum, *ut* quæcumque legitimè fierent, quæ digna essent, memoriæ scriptis commendarentur, ne oblivionis supprimerentur caligine, necessarium est sequentia scripto inserere profutura posteritati successuræ. Quapropter, ego Petrus Dei gratia Pictavorum episcopus, omnibus sanctæ Dei Ecclesiæ filiis tam futuris quam præsentibus notum fieri volo, quod quædam comitissa [1] Hildeardis, nomine, Domina Thoarcensium, fuerit ecclesiarum Dei instauratrix, egenorum mater et refocillatrix. Hæc itaque ob amorem Dei et suorum remissionem delictorum, parentumque suorum quondam ædificavit ecclesiam in honorem B. Petri Apostolorum principis, in loco qui vocatur Aurea-Vallis; qua ædificata decenter, volens explere quod inceperat, et ad honorem Dei efficere, multis et magnis ditavit bonis. Ut autem in eadem ecclesia ministerium posset honestius fieri, et digne tractarentur bona ecclesiæ

---

[1] Sic præferebat antigraphum ex quo descripsimus, sed vitiosè, pro vice-comitissa, sive spectes originem, sive mariti dominium; etenim erat filia Kadelonis Audenaci vice-comitis (Kadelon. vicomte d'Aunay), et uxor Herberti I Thoarcij vice-comitis. — Note marginale de Besly, *Évêques de Poitiers*, page 82.

collata, consilio domini Gisleberti [1], bonæ memoriæ viri Pictavorum episcopi, canonicos in ipsa constituit, qui jugiter divino ministerio ibi insisterent, qui ob sui meritum laboris bona ejusdem loci in suis usibus obtinerent, et eorum unicuique divisionem præbendarum tradidit, et uni minus, alteri amplius distribuit. Quibus ita compositis, canonicis ibidem abeuntibus, quia sine pastoris regimine locus extiterat, cœpit eorum propago hæreditate sanctuarium Domini Dei possidere, et bona Dei servitio *debita* [2] usurpare, et filii et filiæ a patribus, tanquam naturaliter sibi accidentia, ea obtinere. Hæc tandem causa extitit per multa tempora illius ecclesiæ et bonorum ejus desolatio, ut commoda sibi attributa amitteret, et Dei ministerium convenienter, uti deceret, illic non efficeretur. Causa itaque Dei in tantam perniciem et dissipationem declinante, usque ad nostra ventum est tempora. Animadvertentes igitur tam lachrymabilem et damnosam hujus ecclesiæ desolationem, et nisi subveniretur ei, eam intrinsecus et extrinsecus lapsum passuram ; quia nostri est officii dispersa colligere, lapsa erigere, consilio et precibus domini Aimerici vice-comitis Thoarcensis, temporalis illius terræ domini, et Arberti filii ejus condolentium loci ejusdem dissipationi, et canonicis qui illic commorabantur obnixè postulantibus, consideravimus quam maximè necessarium esse, ut illic pastorem constitueremus, qui interiorum et exteriorum utilis provisor et procurator existeret. Canonici vero deinceps religiosè et canonicè sine proprio, secundum regulam Beati Augus-

---

[1] Hujusce nomenclaturæ primi, qui successit Petro I, anno Christi 975. — Note de Besly. p. 85.

[2] Autre leçon *dedita*. — Besly.

tini viverent, et eum sicut filii patrem audirent et obedirent. Quod tandem Dei gratia ad effectum ducentes, fratrem quendam Petrum nomine à Fonte Salubri ex disciplina Stirpensis ecclesiæ derivante, dignum prælationis officio, virum scilicet rectum et religiosum, prædictis canonicis in Abbatem constituimus, qui spiritualis doctrinæ fluentis corda eorum irrigaret, et ut bonus pastor oves sibi commissas quæ dispersæ fuerant, adunaret. Hæc ergo disposuimus Arberto vice-comite Thoarcensium, filio Aimerici vice-comitis supradicti tunc temporis defuncto, et optimatibus ejus, atque multo populo præsentibus, et nostræ dispositioni cum capitulo ecclesiæ gratanter, unanimiterque faventibus. Illud quoque instituimus, ut præfato Abbate defuncto, si aliquis per ambitionem, seu per quamlibet subreptionem officio Abbatis se ingesserit, nisi quem capitulum, aut sanior pars capituli elegerit canonicè, ipse et ei consentientes, donec resipiscant, anathematizentur. Nos autem quicquid ecclesiasticum nunc usque sæpefata acquisiverat et obtinuerat ecclesia, concessimus et concessum confirmavimus. Concessimus ipsi ecclesiæ, ecclesiam de Hydriaco (*Irays*), capellam de Gemellis (*Jumeaux*), ecclesiam de Borno (*Borc*), ecclesiam de Archai (   ); similiter concessimus ecclesiam que de Amallo (*Amaillou*), et ecclesias de Solobria (*Soulièvre*), ecclesiam de Taxoneriis *Tessonnières*), ecclesiam de Loung (*Louin*), ecclesiam Sancti Loupi (*Saint-Loup*) et Sancti Pancratii, ecclesiam de Bochai (   ), ecclesiam de Crom (*Crom*), ecclesiam Sancti Verani *Saint-Varant*) Præcamur autem successores nostros, et obtestamur per Spiritus Sancti virtutem, ut hæc instituta, sive dona, et concessa quæ fecimus, conservent intemerata, et ut in alium ordinem ecclesiam mutare non liceat; quæ quicumque præsumpserit, Spiritus Sancti gratia feriatur.

» S. Petri episcopi, S. Aimerici decani, S. Gaufredi præcentoris, S. Leodegarii archidiaconi, S. Hervæi archidiaconi, S. Garnerii abbatis, S. abbatis Rainaldi Sti Cypriani.

» Acta 4 idus februarij, anno ab Incarnatione Domini 1095; Indictione 4; Urbano II papa; Philippo Francorum rege; Petro Pictavorum pontifice. »

« L'an 1095, 10 de février, au vieil calcul de l'Eglise gallicane, à présent 1096 que nous commençons l'an par janvier, au lieu que, de ce temps-là, on le commençoit le 25 de mars, jour de l'Annonciation. » (Note de Besly, *Évêques de Poitiers*, p. 85.)

Le nom de l'évêque Gislebert, qui intervint dans cette pieuse fondation, nous donne d'une manière approximative, et à 20 années près, l'époque à laquelle des clercs vinrent prendre possession de l'abbaye de Saint-Pierre. Ce prélat était monté sur le siége de Poitiers en 975, et administrait encore le diocèse en 1016. Nous ferons observer en outre que ce ne dut être que sur la fin de son épiscopat qu'il fut convié par Hildéardix à parachever son œuvre en peuplant la sainte solitude de ces bâtiments déserts; car si les lieux réguliers étaient prêts, si l'église était terminée ou à peu près, un certain nombre d'années durent s'écouler depuis que l'idée première avait été conçue, depuis que l'exécution de ce dessein avait été commencée.

Mais, on l'a vu, aucune autre qualification n'est ajoutée aux beaux titres donnés à Hildéardix, de restauratrice des églises et de mère des pauvres. Ce n'est que par amour de Dieu et pour obtenir la rémission de ses péchés et ceux de ses parents (en général) qu'elle a fondé, sous l'invocation du bienheureux Pierre, prince des apôtres, une église à laquelle, pour que le service divin y fût célébré avec plus de décence, elle attacha, par le conseil de Gislebert, évêque de Poitiers, une communauté de chanoines. Mais ces religieux, n'étant soumis à aucun chef, se relâchèrent bientôt de la discipline qui leur était imposée, et de nombreux abus vinrent désoler la maison de Dieu. Alors, en présence de tels désordres, Pierre, évêque de Poitiers, cédant aux prières d'Aimery, vicomte de Thouars, et d'Herbert, son fils, considérant qu'il était plus que nécessaire de leur donner un supérieur pour veiller aux affaires du dedans et administrer celles du dehors, décida qu'à l'avenir les chanoines vivraient sous la règle de Saint-Augustin et obéiraient à leur abbé comme un fils doit obéir à son père. Il leur désigna donc pour abbé un homme droit et pieux, Pierre de Saine-Fontaine (*a Fonte Salubri*), moine de l'abbaye de Lesterps (*Stirpensis Ecclesiæ*), pour les réunir autour de lui comme le bon pasteur rassemble ses brebis dispersées, et les diriger dans la voie du salut.

Il règle ensuite le mode d'élection qui devra être suivi à l'avenir pour le choix des abbés, et termine en confirmant le monastère dans la possession des églises qu'il avait reçues en don ou qu'il avait acquises depuis son origine.

Nous ne sommes destinés, dans ce premier siècle, à ne rencontrer que des incertitudes, à nous heurter à chaque pas à des contradictions ; car, d'après Besly (*Comtes de Poitou*, p. 99), les chanoines réguliers furent établis dans notre monastère dès 1068. Si cela avait lieu, la charte de Pierre II mentionnerait cette première réformation, citerait le nom de l'évêque qui serait intervenu pour mettre un terme au scandale, le nom du premier abbé chargé d'y rétablir la discipline.

Quant à l'année dans laquelle fut consacrée l'église, nous ne sommes pas beaucoup plus heureux. Besly (lieu cité) prétend que cette cérémonie eut lieu en 1065, tandis que si l'on en croit la chronique de Saint-Maixent (*vulgò* de Maillezais), suivie par les éditeurs de la *Gallia christiana*, ce ne fut qu'en 1100.

Peut-être l'historien et le chroniqueur ont-ils raison l'un et l'autre. Peut-être Besly ne mentionne-t-il qu'une consécration partielle, du chœur de l'église par exemple, qui, terminé à cette époque, fut immédiatement mis en état de servir aux fidèles, et la chronique parlerait seulement alors de la cérémonie solennelle, après laquelle l'église tout entière, parachevée, aurait été livrée au culte. Mais rien ne vient encore ici donner tort ou raison à l'une ou l'autre hypothèse.

§ III.

I. Petrus I *a Fonte-Salubri*, *id est*, Saine-Fontaine (Fontaine-Hailbron ou Hailbroc en Souabe. — D. Patural), était moine au couvent de Lesterps (ordre de Saint-Augustin), au diocèse de Limoges, lorsqu'il fut appelé au gouvernement de l'abbaye d'Airvau, dont il fut le premier abbé régulier.

Pierre est cité dans la charte de 1095, que nous venons de transcrire, et dans le cartulaire de l'abbaye de Rota en 1098. — *Gal. christ.*

« Petrus, die septimâ Augusti obiit. Jacet ante altare

beatæ Mariæ Magdalenæ ubi nunc est vestiarium. » (Mss. Georget.)

II. Gislebert. — « Paschalis servus servorum Dei, dilecto filio Gisleberto, abbati S. Petri Aureæ-Vallis, et ejus fratribus in eadem ecclesia canonicam vitam professis ta n præsentibus quam futuris, in perpetuum. Desiderium quod ad religiosum propositum et animarum salutem pertinere monstratur, auctore Deo, sine aliqua est dilatione complendum. Quia igitur vos, o filii in Christo carissimi, per divinam gratiam aspirati, mores vestros sub regularis vitæ disciplina coercere, et communiter secundum sanctorum patrum institutionem omnipotenti deservire proposuistis, nos votis vestris paterno congratulamur affectu ; unde etiam petitioni vestræ benignitate debita impartimur assensum, vitæ namque canonicæ ordinem quem professi estis, præsentis privilegii auctoritate firmamus : ut ne cui post professionem exhibitam proprium quid habere, neve sine præpositi vel congregationis licentia de claustro discedere liceat interdicimus, et tam vos, quam vestra omnia sedis apostolicæ protectione munimus. Vobis itaque, successoribus vestris in eadem religione permansuris, ea omnia possidenda perpetuo sanximus, quæ in præsentiarum legitime possidere videmini. In Pictaviensi videlicet Pago ecclesiam S. Pauli de Hydriaco (*Yrais?*), S. Martini de Alhaico (   ), S. Hilari de Borno (   ), S. Martini de Gemellis (*Jumeaux*), S. Petri de Solobria (*Soulièvre*), S. Mariæ de Toxoneriis (*Tessonnières*), S. Martini de Loono (*Louing*), S. Michaelis de Crum (*Crom*). S. Mariæ de Masronia (   ), S Eparchi de Germundo (*Germond*), S. Mariæ Magdalenes de Pristiniaco (   ), S. Benedicti de Boxenia (   ), ecclesiam S. Verani,

S. Mariæ Magdalenes de Thouarno (   ), S. Pauli de Bosco (*du Bois*), S. Stephani de Amaillo (*d'Amaillou*); ecclesias S. Lupi et S. Pancratii, S. Martini de Salis, et ecclesiam de Bocaico, quas confrater noster Petrus Pictaviensis episcopus vestræ conversationis institutor, pro communi victus sustentatione vobis concessit, vel ab ejus antecessoribus eidem cœnobio datæ fuerant. Item in Pago Andegavensi ecclesiam S. Petri de Damno-Petro (*Dampierre*), et S. Albini de Jorcaneo (   ), quas confrater noster Raynaldus Andegavensis episcopus et antecessor ipsius Gaufridus vestræ ecclesiæ concesserunt. Præterea prædia si quæ possessiones ab ecclesiæ fundatrice Aldearda vice-comitissa et successoribus ejus seu ab aliis successoribus de suo jure cœnobio vestro oblata sunt, aut in futurum offerri Domino largiente, contigerit, vel aliis justis modis acquisita sunt, vel acquirentur in posterum, firma vobis, vestrisque successoribus et illibata permaneant. Scriptum per manum Grisegoni, notarii sacri Palatii, etc, XVII calend. decemb. Ind. IV, Incarnationis Dominicæ anno M C.XIII, Pontificatus autem Dni. Paschalis II papæ, an. XIII. Ego Paschalis catholicæ ecclesiæ episcopus. (*Gal. chr.*, col. 1387, 1388.)

« Gislebertus obiit 14 die januarii. Jacet in ecclesia Sancti Hieronimi » (Mss. G.)[1].

III. GAUFRIDUS. — Il était abbé dès avant 1130, bien que les nouveaux éditeurs de la *Gallia christiana* ne l'aient connu qu'en 1138, par un bref du pape Inno-

---

[1] Il existe encore aujourd'hui une chapelle Saint-Jérôme au nord-ouest de la ville et près du nouveau cimetière. Nous verrons, § II, que cette chapelle avait autrefois le titre de prieuré-cure, et que son revenu était de 400 livres. — Est-ce celle dans laquelle Gislebert fut inhumé?

cent II, par lequel il confirme l'abbaye dans la possession des terres et des églises qui lui appartenaient.

L'acte de 1130, inconnu à nos prédécesseurs, est un bref du même pape adressé aux abbés de St-Liguaire, de Luçon, etc., qui nous apprend que notre Geoffroy avait été, avant cette époque, chargé de pacifier un différend entre les religieux de l'abbaye de St-Maixent et Hugues de Rochefort, qui les avait dépouillés de quelques-unes des dîmes qui leur étaient dues. (D. Font., t. 15, p. 647.)

D'après l'abbé du Temps, Geoffroy gouvernait encore en 1150, et était contemporain de Mathilde, abbesse de Fontevrault.

IV. Hugo Marot. — Inconnu aux nouveaux éditeurs de la *Gallia christiana*.

Obiit 25 aprilis. — Jacet ante altare Sancti Sebastiani. (Mss. G.)

V. Guillaume. — Les nouveaux éditeurs de la *Gallia christiana* n'ont connu cet abbé, dont ils font le quatrième de leur liste, qu'en 1173, par des chartes de l'abbaye de Fontevrault.

Dom Fonteneau (t. 11. p. 53) avait copié, dans les archives de St-Hilaire-le-Grand de Poitiers, une charte de 1168, par laquelle Jean, évêque de Périgueux, juge, comme arbitre, un différend qui s'était élevé entre le chapitre de St-Hilaire et l'abbaye d'Airvau, au sujet d'une chapelle et d'une dîme dans la paroisse de Cuhon.

Cette pièce a depuis été publiée, sur l'original conservé aux archives du département de la Vienne, par la Société des antiquaires de l'Ouest (Mémoires, année 1847, Documents pour l'histoire de St-Hilaire-le-Grand, p. 179). Nous la donnons ici d'après cet ouvrage :

« Johannes, Dei gratia Petragoricensis episcopus,

tam futuris quam presentibus in perpetuum. Ecclesiarum tranquillitati providere ratio suadet, et causarum decisionem tam juditio quam amicali fine terminatam commendare litterarum apicibus equitas hortatur. Inde est quod transactionem inter ecclesiam beati Hylarii et Guilelmum abbatem et canonicos sancti Petri de Aurea Valle factam scripto commendare curavimus. Convenientes siquidem ante presentiam nostram canonici beati Hylarii et abbas Aurevallensis cum plerisque fratribus suis, quoniam nos utriusque ecclesie amicum a retroactis temporibus, esse cognoverant, in hunc modum altercabant. Conquerebantur beati Hylarii canonici quoniam Aurevallenses infra metas parrochie ecclesie Cuionis capellam contra prohibitionem ipsorum tempore cismatis erexerant, et decimam de Borreleria, que ad jus ipsorum et ecclesie Cuionis jure parrochiali pertinet, accipiebant. E contra Aurevallenses capellam illam infra parrochiam ecclesie Cuionis sitam esse modis omnibus inficiebantur, et decimam per XL aut eo amplius annos quiete possedisse contendebant. Sepedicti vero canonici beati Hylarii XL annorum possessionem negabant, et quietem sepius interruptam fuisse constanter affirmabant. Sic igitur illis altercantibus, placuit utrique parti in manu nostra se ponere, et quod super hoc inter eos arbitraremur, irrefragabiliter observare. Quo facto, capellam illam et decimam de qua questio erat abbati et canonicis Auree Vallis deinceps quiete possidendam esse decrevimus, nichilhominus statuentes quod abbas et canonici Aurevallenses pro capella et decima canonicis beati Hylarii decem solidos Andegavensis monete Pictavis in ecclesia predicti sancti Hylarii infra octabas sancti Luce annuatim reddant, et omnes infra metas decimationis illius habitantes omnia jura parrochialia ecclesie Cuionis integre persolvant. Hoc arbitrium nostrum utrisque complacuit et a nobis scripto mandari et sigilli nostri munimine roborari postulaverunt. Quorum peticioni obtemperantes, tam scribendo quam sigillando prebuimus assensum. Actum est hoc Pictavis, anno ab Incarnatione Domini M°. C°. LX°. VIII°, indictione I, epacta VIIII, Alexandro papa III, Johanne Pictavensi episcopo, Lodovico rege Francorum, Henrico in Anglia regnante, in Aquitania principante[1]. »

Guillaume fut encore témoin, vers 1173, de la donation d'un droit de fromentage faite à l'abbaye de St-Jouin-les-Marnes par Geoffroy, vicomte de Thouars. (D. Font., t. 13, p. 309.)

« Guillelmus obiit 13 octobris. Jacet in capitulo. »(Mss. G.)

VI. PHILIPPUS. — Omis dans la nomenclature des abbés d'Airvau donnée par la *Gallia christiana*.

« Obiit 4 septembris. Jacet in capitulo. » (Mss. G.)

VII. MATHEUS. — Il obtint, en 1188, d'Aimery, vicomte de Thouars et seigneur d'Airvau, pour les hommes de son abbaye, le privilége d'être soustraits à la justice de ce seigneur, si ce n'est dans les cas où il s'agirait de refus de péage, de chemins labourés et de dettes contractées envers un juif.

Voici, d'après la *Gallia christiana* (t. II, p. 1390), le texte de cette pièce, qui nous a paru curieuse à plus d'un titre :

« Omnibus sanctæ Dei Ecclesiæ fidelibus tam futuris quam præsentibus. Notum fieri volumus, quod Aimericus

---

[1] Chirographe : les mots coupés par le milieu, et dont on voit la moitié inférieure en tête de l'acte délivré aux chanoines de Saint-Hilaire, sont ceux-ci : IN. NOMINE. DNI. NRI. IHU XPI. Le sceau de l'évêque de Périgueux a disparu ; il ne reste que le cordon de cuir par lequel il était suspendu.

vicecomes Thoarcii, assensu et voluntate omnium fratrum suorum, pro amore Dei et animæ suæ et parentum suorum redemptione, licet ab antecessoribus suis similiter concessum fuisset, omnibus universaliter ecclesiæ Aureæ-Vallis hominibus talem in perpetuum dedit, et firmiter concessit habere libertatem; quod nullus predictæ ecclesiæ hominum coram eo, vel coram justitia sua pro aliquo forisfacto, modo aliquo respondere tenebitur, nisi forte in his solummodo tribus homo ecclesiæ deliquerit : In pedagio videlicet, et in cheminorum consuetorum aratura, vel in vicecomitis debito Judæorum. De pedagio quidem sic definitum est, quod si homo ecclesiæ mercator fuerit, et pedagium fraudulenter retinuerit, si in præsenti pedagii forisfacto fuerit deprehensus, homo ille sine requisitione abbatis pro hoc forisfacto coram vicecomite, vel coram justitia sua ad jus stare compelletur; si autem in præsenti forisfacto deprehensus non fuerit, justitia vicecomitis si inde placitare voluerit, requiret abbatem, et sic per manum abbatis homo ille super hoc coram vicecomite responsurus apparebit. Si vero in cheminis consuetudinariis arando homo ecclesiæ deliquerit, simili modo coram vicecomite per manum abbatis respondebit. Super debito siquidem Judæorum, sic statutum est: quod si homo ecclesiæ coram abbate cognoverit quod aliquam Judæo debeat pecuniam, si Judæus inde abbati conquestus fuerit, abbas debitorem, ut Judæo debitum suum reddat, compellet; quod si homo reddere debitum Judæi noluerit, abbas omnia quæ debitor tenebit de ecclesia, Judæo tradet, salvis quidem consuetudinibus et jure, quæ ecclesia super debitoris possessiones habere consuevit. Si vero homo prædictæ ecclesiæ debitum Judæi negaverit, abbas per vicecomitis justitiam requisitus, hominem illum coram vice comite pro posse suo, juri parere compellet. Propter hæc igitur solummodo tria et non propter alia aliqua homines ecclesiæ Aureæ-Vallis coram vicecomite Thoarcii taliter respondere tenebuntur : homines tamen ecclesiæ qui equitationem et exercituum vicecomiti debent, si in hoc deliquerint, coram eo vel justitia sua, super hoc ipso respondebunt; omnes autem alias querelas, quæ de hominibus sæpe dictæ ecclesiæ insurrexerint, vel ab aliis adversus eosdem suscitatæ fuerint, abbas vel mandatum ejus coram se judicio vel concordia terminabit. Neque modo aliquo, quæstio aliqua jam de dictis hominibus, nisi forte de aliquo supradictorum orta fuerit, coram vicecomite vel justitia ejus ventilabitur, quandiu abbas vel ejus mandatum exinde rectitudinem facere voluerit. Homines vero Burgi novi, omni penitus exercitus et expeditionis lege, et consuetudine, sicut ab antecessoribus concessum fuerat liberos et immunes in perpetuum esse concessit. Possessiones autem ecclesiæ, quas tunc usque ecclesia possidet et possidebat, omnem exinde quæ ad ipsum pertinere videbatur, finiens querelam, ex integro concessit; seque omnia quæcumque ecclesiæ erant, et de feodis ejus, conservare et defendere, fideliter firmiterque promisit. Hanc siquidem concessionem jam prædictus Aimericus vicecomes Thoarcensis fecit in manu Matthæi abbatis ecclesiæ Aureæ Vallis cum consensu et assensu fratrum suorum Guidonis videlicet, Hugonis, Gaufridi et Raimundi; baronibus suis, et militibus præsentibus et attestantibus jam dictam concessionem, Radulfo videlicet de Malleono, Guillermo filio Affredi, Aimerico d'Argenton, baronibus; militibus vero Leodegario senescallo, Johanne Atono, Gaufrido de Grisellia, Gaufrido Hubert, Fulcone parvo, Johanne

Chabot Maillebois, Guillermo Suart et pluribus aliis; ex parte vero ecclesiæ et abbatis fuerunt hi tam presbyteri, quam clerici, Gervasius, Gosbertus, Reginaudus, Petrus de Sosteir; Gaufridus sacerdos, presbyteri et canonici, Johannes Guichart canonicus et diaconus, clerici Gaufridus de Parigné, Simon d'Aubœ, Guillelmus Girarius, Petrus clericus vicecomitis et multi alii. Facta sunt hæc anno ab Incarnatione Dni M° C. XXCVIII, Philippo rege Francorum, Henrico rege Anglorum et Richardo consule Pictavorum, tunc temporis crucem habentibus. Ut autem hæc quæ superius descripta sunt, inconcussa et illibata in perpetuum persisterent, sæpe memoratus vicecomes, sigilli sui auctoritate præsentem paginam fecit consignari. »

VIII. PIERRE Ier. — Les nouveaux éditeurs de la *Gallia christiana* n'ont connu cet abbé qu'en 1197. Nous l'avons trouvé mentionné dès 1192, comme témoin d'un don fait à l'abbaye de la Trinité de Poitiers, par un nommé Gautier de Pautrot, de tout le droit qu'il avait sur le moulin d'Auperer et de quelques pescheries et héritages. (D. Fonteneau, t. 27, p. 121.)

Il assistait encore, la même année, à une renonciation faite par Hugues l'Archevêque, seigneur de Parthenai, à un droit que lui et ses prédécesseurs avaient coutume de lever dans le prieuré du Vieux-Parthenay à chaque mutation de prieur. (D°, t. 16, p. 93, 94.)

Il était également présent au don fait par ce même Hugues l'Archevêque, à l'abbaye de St-Maixent, de la juridiction qu'il avait sur un pré situé à Verrines. (D°, t. 16, p. 101.)

Il fut témoin de la donation faite à Rainaud, abbé de St-Jouin-lès-Marnes, et à son monastère, par Aimery, vicomte de Thouars, Philippe sa sœur, Geoffroy et Guy d'Argenton-le-Château, enfants de Philippe, d'une chapelle autrefois fondée par Eustochie, dame d'Argenton, près du cimetière de ce lieu, sous la condition que l'abbé précité y entretiendrait deux religieux prêtres. (D°, t. 13, p. 311.)

Nous le retrouvons enfin encore présent au traité intervenu entre les abbayes de Charroux et du Lieu-Dieu, au sujet de certains droits prétendus par ces deux églises sur un lieu appelé Compett. (D°, t. 4, p. 26.)

Les nouveaux éditeurs de la *Gallia christiana* disent bien qu'il existait encore le 1er décembre 1218, mais sans indiquer la nature de l'acte qui leur donne ce renseignement, ni le lieu où il était déposé. Puis ils ajoutent : Peut-être est-ce le P. de Verrines dont il est parlé dans un titre de Fontaine-le-Comte, en 1192.

VIII. JOANNES BOSSEU. — Inconnu aux nouveaux éditeurs de la *Gallia Christiana*.

Ce dut être lui qui présida, en 1249, à une transaction passée entre le chapitre de St-Hilaire-le-Grand de Poitiers et le prieur de la Madeleine de Thouars, auquel ce chapitre réclamait le payement d'une dîme.

Voici le texte de cette charte publiée dans les Mémoires de la Société des antiquaires de l'Ouest (année 1847, Documents pour l'histoire de St-Hilaire, page 224) :

« 7. Dei gratia humilis abbas Auree-Vallis, omnibus ad quos presens scriptum pervenerit, salutem in salutis auctore. Omnibus innotescat quod contencio fuit inter G. tessaurarium, A. decanum et capitulum beati Hilarii Pictavensis ex una parte, et J. priorem de Magdalena de Thoarcio ex altera, super medietate decime arbergamenti dicti prioratus, quam dicti G. et A. nominatum capitulum sibi petebant persolvi; sed postea pacificatum fuit inter eos in hunc modum. Dictus prior et successores sui reddent ecclesie beati Hylarii tres somas vindemie nec amplius pro omni medietate decime annuatim ; ita tamen, quod non licebit nominato priori vel ejus successoribus muros arbergamenti ipsius prioratus sine persolucione decime ampliare, et insuper accrescet prefatus prior IIII^{or} denarios censuales antiquo censui, videlicet octo denariis, qui reddentur singulis annis ecclesie sepedicte. Et ut hec composicio rata et stabilis permaneret, de assensu conventus nostri presentem cartam sigilli nostri munimine fecimus roborari. Actum fuit hoc anno gratie M° CC° XIX°. »

Au bas de l'acte original, conservé aux archives du département de la Vienne (archives de St-Hilaire-Luzai, n° 9), pend par un cordon de soie rouge et jaune le sceau de Jean, abbé d'Airvau, de forme ovale et en cire jaune. On y voit représenté, un abbé tenant une crosse de la main droite et un livre de la main gauche. Autour se lit cette légende : SIGILLUM. SCI. PETRI. AVR...

« Joannes Bosseu obiit 26 novembris. Jacet in capitulo.» (Mss. G.)

IX. JOANNES II. — Inconnu aux nouveaux éditeurs de la *Gallia christiana*.

Ce dut être durant son administration que la restitution suivante fut faite à l'abbaye d'Airvau :

« Universis ad quos presentes litteræ pervenerint, P. humilis archidiaconus Thoarcensis salutem in Domino. Notum facimus universitati vestræ quod Gaufridus de Tilia (*du Teil*) et Mabilia uxor sua in nostra presentia personaliter constituti, concesserunt et in perpetuum quiptaverunt, tam pro se quam pro heredibus suis ex ipsis duobus procreatis et procreandis, Deo et ecclesiæ Sancti Petri Aureæ-Vallis quicquid juris habebant et habere poterant et debebant in feodoillo *daus Raffos* quod dominus P. de Gorgio (*de Gourgé*) miles, pater ipsius Mabillæ, vendiderat seu legaverat eidem ecclesiæ, retentis sibi et heredibus suis XII denariis censualibus... Datum in vigilia Sancti Laurentii 9 *août* ?) 1243. »

Ce fragment, que nous avons transcrit sur une copie faite par M. F. de Fréville, archiviste paléographe, est extrait de notes conservées au cabinet généalogique de la bibliothèque impériale, *verbo* du Teil, dont les originaux avaient été communiqués par M. Brossin, commandeur de Fresay.

« Joannes obiit 23 augusti. Jacet in capitulo. » (Mss. G.)

X. Vicentius. — Inconnu aux nouveaux éditeurs de la *Gallia christiana*.

Le 22 juin 1263, il obtenait de Nicolas, abbé de Saint-Cyprien, cession de deux fiefs situés, l'un dans la paroisse de Cherves, l'autre, dit le fief Franc, dans les paroisses de Louin, du Chillou et de Saint-Loup, moyennant la rente perpétuelle de 25 sous pour le premier de ces fiefs, et de 35 sous pour le second.

Nous donnons ici le texte de cette pièce d'après la copie relevée par notre collègue, M. Rédet, sur un des trois exemplaires qui existent dans les archives du département de la Vienne. A deux de ces copies pendent encore les sceaux de l'abbé et du couvent d'Airvau. (*Voir* Pl. II.)

Cette charte fut confirmée, le 3 juillet suivant, par Hugues, évêque de Poitiers, et elle est reproduite en entier dans celle du prélat; cette dernière, rongée par l'humidité sur le côté gauche, est scellée d'un sceau ovale en cire verte suspendu par un lac de soie verte ; c'est celui de l'évêque Hugues.

Voici le texte de cette pièce :

« Universis presentes litteras inspecturis, Vincentius permissione divina humilis abbas Auree-Vallis et conventus ejusdem loci eternam in Domino salutem. Noveritis nos, considerata utilitate nostri monasterii et plenius intellecta, acensasse et in acensamentum perpetuum recepisse a religiosis viris Nicholao abbate et conventu monasterii Sancti Cypriani Pictavensis feodum dictorum abbatis et conventus sancti Cypriani quem tenebat ab ipsis Guillelmus Dyboul, cum pertinenciis ejusdem quem sita sunt in parrochia de Chervis et circa quocumque loco consistant et quocumque nomine censeantur res pertinentes ad feodum antedictum, et feodum eorumdem qui dicitur feodum Francum, quem tenebat ab ipsis abbate et conventu dominico Gaufridus de Caligua rubea, miles, et quicquid juris dominii, possessionis vel quasi et proprietatis habebant vel habere poterant, cum homagiis, deveriis et redevantiis eisdem debitis ratione dictorum feodorum, et cum omnibus pertinenciis dictorum feodorum; videlicet feodum quem tenebat ab ipsis dictus Guillelmus Dyboul, ad pensionem censam sive firmam annuam vigenti quinque solidorum currentis monete, et feodum Francum predictum ad pensionem censam sive firmam annuam triginta quinque solidorum currentis monete eisdem abbati et conventui Sancti Cypriani vel mandato suo quolibet anno nobis vel mandato nostro apud sanctum Cyprianum solvendorum terminis subnotatis, viginti quinque solidis scilicet pro feodo quem tenebat ab ipsis dictus Guillelmus Dyboul, infra dominicam proximam post synodum Penthecostes, et triginta quinque solidis pro feodo Franco infra dominicam proximam post synodum Sancti Luce, ita etiam quod nisi solverentur eisdem abbati et conventui Sancti Cypriani vel eorum mandato pensiones predictis terminis, ut superius est expressum, pro qualibet septimana subsequenti tempus solutionum predictarum vel alterius earumdem eisdem abbatis et conventui Sancti Cypriani vel mandato suo non factarum, nos successoresque nostri unam libram cere pro pena reddere teneremur eisdem abbati et conventui Sancti Cypriani vel eorum mandato, qua pena semel vel plures commissa vel non, soluta vel non, dicta accensatio et acensamentum receptio nihilhominus perpetuam obtineant firmitatem, quorum feodorum omnium et omnium pertinentiarum eorumdem jus, dominium, possessionem vel quasi et proprietatem que ibidem dicti abbas et conventus Sancti Cypriani habebant vel habere poterant, in nos et nostrum monasterium transtulerunt, et confessi sunt se in nos penitus transtulisse sub modo et forma predictis, integre et plenarie a nobis et successoribus nostris perpetuo possidenda. Item confessi sunt. quod ratione feodi quam tenebat ab ipsis dictus Guillelmus Dyboul, eisdem homagium ligium debebat fieri et fieri etiam consuevit in mutatione abbatis, et etiam in mutatione illius qui tenebat ab ipsis feodum antedictum, et quod tunc scilicet in mutatione abbatis et tenentis, ut ipsi dicebant, prestari consueverat eisdem servitium sive deverium centum solidorum et unius aurei oboli duplicis, ratione dicti feodi quem tenebat ab ipsis dictus Guillelmus Dyboul et pertinentiarum ejusdem. De feodo autem Franco sive qui Francus dicitur, et pertinentiis ejusdem, que sita sunt in parrochia de Loyng et de Chillo et de Sancto Lupo et circa, quocumque loco consistant et quocumque nomine censeantur res pertinentes ad feodum antedictum, eisdem homagium ligium extitit prestitum, ut ipsi dicebant, et quod quilibet tenens dictum feodum Francum tenebatur, ut dicebant, reddere et reddidit eidem abbati Sancti Cypriani, ut dicebant, ratione dicti feodi Franchi et pertinentiarum ejusdem duos bysantios tempore recentionis homagii antedicti, et quod tenebantur tenenti dictum feodum et cuilibet successori suo ratione dicti feodi in mutatione abbatis reddere unum bysantium, recepto a tenente feodum homagio antedicto. Nosque tenebimur et successores nostri facere et præstare tenenti dictum feodum ea omnia que sibi ratione dicti feodi dicti abbas et conventus Sancti Cypriani prestare et facere tenebantur, in quorum homagiorum et servitiorum seu deveriorum possessione vel quasi dicebant se esse tempore acensationis et receptionis acensamenti predicti. Rursus confitemur inter nos pro nobis et ecclesia nostra, et dictos abbatem et conventum Sancti Cypriani pro se et ecclesia sua condictum et conventum fuisse in hunc modum, quod si aliquem feodorum predictorum vel aliquid de eisdem, videlicet de hiis de quibus erant in possessione vel quasi tempore traditionis et acensationis nobis facte, contigerit amitti, deperdi vel evinci a nobis, dummodo non fuerit ob culpam, negligentiam nostram vel defectum nostrum aut successorum nostrorum, fiat diminutio pensionis, cense seu firme pro modo quo de predictis amitti aut deperdi contigerit vel evinci, dummodo a nobis vel mandato nostro vel successoribus nostris superguarimento hujusmodi dicti abbas et conventus Sancti Cypriani vel mandatum eorum vel successores sui apud monasterium eorumdem congruo et competenti tempore fuerint requisiti. Si autem super predictis feodis vel eorum aliquo vel super parte aliqua dictormm feodorum vel alicujus eorumdem, videlicet super hiis in quorum possessione vel quasi erant et de quibus possessione vel quasi nobis tradiderunt et non de aliis, contingeret nos aut successores nostros molestari, conveniri aut in causam trahi, si sine culpa vel defectu nostro fuerit, tenentur nobis et successoribus nostris prestare competens guarimentum de rebus predictis ad nostras et successorum nostrorum expensas, *custus* et missiones sine suis missionibus, sumptibus et expensis. Predictam autem acensationem et receptionem acensationis et omnia et singula supradicta promisimus et etiam promittimus bona fide nos abbas et conventus Auree Vallis pro nobis et successoribus nostris sub obligatione omnium bonorum nostrorum mobilium et immobilium, tenere fideliter et firmiter observare, et contra predicta vel predictorum aliquid non facere vel venire, et sciendum est quod frater Petrus canonicus et elemosinaris noster, procurator noster seu yconomus, habens super hiis speciale mandatum et plenariam potestatem a nobis, in animas nostras juravit tactis sacrosanctis evangeliis acensationem predictam et predicti acensamenti receptionem ecclesiæ nostræ esse utiles et in posterum profuturas prout humana fragilitas nosse sinit, et dictam acensationem et acensamenti receptionem tenere fideliter et firmiter observare, et non contra facere vel venire per nos vel per alios in futurum et etiam quod dictos feodos vel aliquem ex ipsis vel partem ipsorum vel alicujus eorumdem non poterimus sibi dimittere quominus teneamur in perpetuum ad solutionem et prestationem pensionis, cense seu firme superius nominate. Item renuntiamus omni privilegio, omni exceptioni deceptionis et doli, et beneficio restitutionis in integrum, privilegiis et litteris impetratis ac etiam impetrandis adeo quod si contigerit impetrari, non valeat impetratum nec uti possemus taliter impetratis, et omni juris auxilio consuetudinarii, canonici et civilis, et omnibus usibus et statutis, et etiam illi jure hoc jus porrectum, et omnibus que possent dici vel opponi contra presens instrumentum vel factum. Ut autem hec stabilia persistant, supplicamus reverendo in Christo patri ac domino Hugoni Dei gratia Pictavensi episcopo, ut predictis omnibus et singulis prestans auctoritatem, ea rata habeat atque firma. In quorum omnium testimonium et munimen, presentes litteras sigillis nostris sigillatas predictis abbatis et conventui Sancti Cypriani Pictavensis pro se et suis successoribus duximus concedendas. Datum die veneris ante nativitatem beati Johannis Baptiste, anno Domini millesimo ducentesimo sexagesimo tertio. » (*Archives du département de la Vienne*).

« Vincentius obiit 16 mai. Jacet in medio chori. » (Mss. G.)

XI. JOHANNES III DABIN. — Inconnu aux nouveaux éditeurs de la *Gallia christiana*.

Cet abbé était probablement de la même famille Dabin qui posséda plus tard dans les environs d'Airvau, et dont nous avons vu un des membres rendre, en 1439, aveu du fief de Puy-Bertin.

« Obiit 23 julii. Jacet ante altare beatæ Magdalenæ, ubi modo est vestiarium. » (Mss. G.)

XII. JOHANNES IV JAMIN. — Inconnu aux nouveaux éditeurs de la *Gallia christiana*.

« Obiit 19 novembris. Jacet... » (Mss. G.)

XIII PETRUS II FABRI. — Inconnu aux nouveaux éditeurs de la *Gallia christiana*.

« Obiit 27 martii. Jacet ante altare beatæ Mariæ Magdalenæ, ubi modo est vestiarium. » (Mss. G.)

XIV. Petrus IV de Fonte. — Inconnu aux nouveaux éditeurs de la *Gallia christiana*.

« Obiit 5 januarii. Jacet in choro. » (Mss. G.)

XV. Petrus IV de Mollicampo (de Mouchamps). — Inconnu aux nouveaux éditeurs de la *Gallia christiana*.

Ce fut pendant son administration, ou celle de l'un de ses prédécesseurs du nom de Pierre, qu'eut lieu avec Fort d'Aux, évêque de Poitiers, la transaction suivante, au sujet de la cure d'Irays :

« Universis presentes litteras inspecturis, Fortius divina Pictavensis Episcopus et Petrus permissione eadem abbas monasterii de Aureavalle, Malleacensis diocesis, ordinis Sancti Augustini, salutem in Domino et fidem liberam presentibus adhibere. Noveritis quod cum dudum inter nos predictum episcopum ex una parte et nos predictum abbatem ac nonnullos predecessores nostros qui fuerunt pro tempore abbatei predicti monasterii ex altera, orta fuisset materia questionis, super eo quod nos prefatus episcopus dicebamus quod ad ecclesiam curatam de Yraio nostro Pictavensi diocesi, abbas dicti monasterii debebat et tenebatur nobis personam ydoneam de suo monasterio presentare, que a nobis dicto episcopo institueretur et curam animarum reciperet, ad nostrum synodum veniret, nobisque de juribus episcopalibus responderet, et mandatis nostris et litteris per omnia obediret; nobis predicto abbati et predictis predecessoribus et dicentibus, quondam primordio fundationis predicti nostri monasterii, et quicquid sit a tanto tempore de cujus memoria hominis non existit, predicta ecclesia de Yraio, fuit et etiam consuevit dependere a nostro monasterio supradicto, et quod abbas dicti monasterii eo ipso quod abbas est creatus et fuit in preteritum eo ipso presentare ecclesie de Yraio tanquam sue et dependenti a dicto monasterio est et fuit curata et curam ipsius in ipso creatione recipit et recipere consuevit ac curam ipsius per ydoneam quam vult, de dicto monasterio personam exercet et exercere consuevit, ipsamque pro voto amovere et aliam subrogare absque alia institutione vel representatione facienda aut alia specialis cure commissione recipienda vel habenda quodque predictus abbas et predecessores nostri pro tempore abbate dicti monasterii per tempus et tempora supra dicto modo et forma ut premittitur predictam ecclesiam de Yraio ac etiam ab omni jure episcopali sive cathedratico aut sinodatico, et quacumque prestatione seu servitute liberam inconcusse, bona fide, pacifice possidemus et etiam possiderunt pluresque et varii tractatus inter nos partes predictas fuissent et hin... et etiam non nulla compromissa super istis tandem nos episcopus et abbas prefati ac religiosus vir frater Theobaldus Rocignon helemosinarius domus Dei de Aureavalle canonicus monasterii predicti procurator nostri predicti abbatis et nostri conventus sufficienter habens in hac parte potestatem prout de suo constitit et constat procuratorio et potestate per quasdam litteras sigillo predicti abbatis et dicti nostri conventus sigillatas quarum tenor sequitur in hec verba : Universis presentes litteras inspecturis et audituris frater P. permissione divina humilis abbas monasterii de Aureavalle ejusdemque loci conventus salutem. Noveritis universi quod in causa seu causis quem vel quas nos habemus et habere cum....... reverendo in Christo patre, ac domino Fortio Dei gratia Pictavensi episcopo et cum ipso..... et sic finit in eadem linea et contra, et sic in quinta linea incipit : Rocignon helemosinarius, finit in eadem inceptum fuerit et in duodecim linea sic incipit. Compromissum fide et pena valandum pacifiscendum, transigendum et finit in eadem alterum compromissum; et in decima octava linea sic incipit veritat... et finit in eadem : Datum Dei sabbati post Assumptionem Beate Marie Virginis, anno Domini millesimo trecentesimo quadragesimo tertio, nomine procuratorio dicti conventus. Et plures alias cons. per Petrum Amici et nostrum procuratorem predictarum Pictav... in domibus episcopalibus, die sexta mensis novembris, anno quo infra pro premissis specialiter congregati.... considerantes attente; quod secus servos Dei a sprevo incommodo ac sterpitu earum decet etiam quietos sic necessarium est quemadmodum negotia eorum disponi debeant ordinari de et super premissis omnibus et singulis pro nobis et successoribus nostris ad hanc compositionem seu transactionem et pacis concordiam unanimiter devenimus ea que inferius subsequuntur salubriter ordinantes videlicet quod predictus abbas et sui successores prefatam ecclesiam de Yraio absque representatione nobis predicto episcopo aut successoribus nostris faciende aut institutione vel alia speciali curie commissione a nobis dicto pro tunc ipso abbati et successoribus suis ac monasterio a nobis dicto episcopo realem ipsius curie commissionem jam factam in favorem religiosi libere possidebunt ac curiam ipsius per idoneam de suo monasterio personam exercere facient prout alias extitit consuetum, et pro parte abbatis superius propositum extitit ac etiam allegatum, persona vero per quam curiam ipsius ecclesie exercere facient. Semel a nobis dicto episcopo vel successoribus nostris pro ministrando inibi ecclesiastica sacramenta licenciam accipiet pro curie licentia sigillo ultra decem solidos monete currentis non persolvet, et que persona pro abbatis amoveri poterit et alia subrogari, que simili modo a nobis dicto episcopo semel licentiam accipiet et nobis obediet et ad nostrum synodum veniet et venire tenebitur mandata nostra, officialis et judicum nostrorum ac provinciales et synodales constitutiones recepturus, ac juramentum prestabit de observando superius expressata; et pro omni jure episcopali sive cathedralico seu sinodalico, aut alias prestatione quacumque decem solidos monete currentis nobis dicto episcopo et successoribus nostris infra mensem a die benedictionis eorumdem unam marcham argenti persolvet et in quolibet anno bissexti viginti solidos monete currentis in signum subjectionis nobis dicto episcopo et successoribus faciet de curia ecclesie supradicte quam quidem compositionem, transactionem, concordiam seu ordinationem predictam, nos predictus episcopus, et abbas, et nostrum quilibet pro nobis et successoribus nostris habuimus et habemus, eamque habuisse et habere procurationis predicte procuratorio nomine quo supra ratam gratam atque firmam et eam voluimus et volumus dictusque procurator dicto nomine eam voluit et vult perpetuo. Vol   ; promittentes hinc et inde bona fide eam de cetero in posterum inviolabiliter observare et quavis ratione seu causa contra eam non venire, in quorum omnium et singulorum promissorum fidem et testimonium nos episcopus et abbas predicti sigilla nostra duximus presentibus inter nos originaliter dupplicatis apponenda una cum signis et suscriptionibus notariorum publicorum suscriptorum. Datum et actum Pictavi in predictis domibus episcopalibus predicta sexta

die mensis novembris, an. ab Incarnacione domini M°
CCC° LX° III°, et indictione XII, pontificatus sanctissimi
patris in Christo et domini nostri, domini Clementis divina
Providentia papa VI, anno secundo, presentibus et venerabilibus et discretis viris dominis et magistris : Petro
Raymundo de Auxio decano et Pelheiem officiali, Pictavensibus, Andreas Roberti, Raymundo de Boneto, et Petro
Ardoin legum professoribus, Bruno de Pomareto canonico Pictavensi, Johanne de Podio licentiato in legibus,
Guillelmo Girardi, Johanne Chiphonis, Petro de Helisona
jurisperito, Guillelmo de Pomareto presbytero ac fratribus, Petro Dirtelli de Acayo (*Assais*), Symone de Sancti Michaëlis de Chaloys, Luca de Lourcyre de Sancto Verrario
(*St-Varant*), de Mato de Macoignia (*de Massoignes?*), Gaufrido de Sayrin de Grimauderia (*de la Grimaudière*) et Guillelmo de Caturres de Cromio (*de Crom*) prieroium predicto monasterio subjector prioribus, et pluribus aliis ad
premissa testibus specialiter requisitis. »

A la suite de cette charte sont transcrites des lettres
d'investiture données, « die martis in festo beati Benedicti
(21 mars), anno Domini M° CCC° LX° V°, » par l'évêque de
Poitiers, Fort d'Aux, à frère Pierre de Luche, *alias* de Veluche, chanoine d'Airvau, présenté le *vicesima die mensis
marcii anno ab Incarnatione Domini M° CCC° LX° V°*, par
l'abbé, pour remplir les fonctions de curé d'Irays, aux
clauses et conditions stipulées dans la transaction qui précède.

Ces pièces sont extraites des manuscrits de D. Fonteneau, t. 3, p. 559 et suivantes. (Bibl. de la ville de Poitiers.)

« Petrus de Mollicampo obiit 9 augusti. Jacet ante altare
Sancti Sebastiani. » (Mss. G.)

XVI. Theobaldus. — Il transigea avec Payen de Chausseroye, seigneur d'Oyreveau, au sujet de la juridiction, 1382. (Mss. G.)

1382 est une faute de copiste, car Payen de Chausseroye était décédé à cette époque; c'est 1362 qu'il faut lire. Nous avons mentionné précédemment, première partie, d'après un mémoire à consulter qui fait partie des archives du marquisat, la « transaction passée entre le seigneur, le 8 avril 1362. et les abbé et religieux d'Oyreveau, par laquelle il fut reconnu que l'abbaye n'avait aucun droit à une juridiction ni à une châtellenie à Oyreveau. »

« Theobaldus obiit 7 novembris. Jacet in choro. » (Mss. G.)

XVII. Aton (Acton?).

« Obiit 12 julii. Jacet in choro, versus altare Sancti Sebastiani. » (Mss. G.)

Inconnu aux nouveaux éditeurs de la *Gallia christiana*.

XVIII. Remnulfus.

« Jacet ante altare Sancti Johannis ad sinistrum latum, cujus tumulus extat.

» Obiit anno 1414 ut ibi scriptum notatur 18 die julii. » (Mss. G.)

XIX. Pierre V Léal, docteur en droit canon.

Non-seulement les nouveaux éditeurs de la *Gallia christiana* n'ont pas connu le nom de famille de cet abbé, mais ils ont encore scindé en deux sa longue existence administrative (59 ans environ), et ont attribué à deux personnages du nom de Pierre (Pierre II et Pierre III de leur liste) les faits importants qui se sont passés sous son gouvernement.

Pierre II, disent-ils, transigea avec Maubruny de Liniers, chevalier, seigneur d'Airvau, au sujet de la construction des murs de cette ville, le 12 février 1443.

Nous pouvons ajouter que, le 23 novembre 1445, il passait une autre transaction pour le même sujet, et que son nom se trouve rappelé dans divers pièces du procès intenté par Maubruny au vicomte de Thouars, au sujet des violences dont ses adhérents s'étaient rendus coupables envers lui et ses vassaux. A la fin d'une de ces pièces nous avons trouvé le nom de plusieurs des religieux qui composaient le monastère à cette époque (1re partie).

Le 3 mai 1456, Pierre passait un traité avec Michel de Liniers, au sujet des limites de leur mutuelle juridiction; au seigneur d'Airvau il fut reconnu et attribué tous les droits dus à seigneur châtelain, tels que « la cognoissance des crimes de rapt, viol et meurtre, » et l'exécution des peines corporelles, à l'exclusion de l'abbé, qui n'aura droit que de haute justice dans une partie de la ville, mais dont les vassaux furent exemptés du droit de guet et garde moyennant une redevance de cinq sols, qui n'était que la moitié de celle fixée par le roi pour les rachats de services féodaux de cette nature. (*Voir* 1re partie, § 8.)

Le 22 mai 1459, il passa un acte de confraternité avec l'abbaye de Mauléon. Nous donnons ici le texte de cette pièce, d'après la copie que nous en a conservée dom Fonteneau (t. 17, p. 321).

« Petrus Dei gratia humilis abbas monasterii beati Petri Aureævallis ordinis sancti Augustini Malleacensis diocesis; totusque ejusdem loci conventus salutem in Domino sempiternam. Notum omnibus tam præsentibus quam futuris facimus, quod nos et conventus ecclesiæ nostræ predictæ, virtute caritatis auditaque fama, desiderio pariter et assensu religionis ac monasterii sanctissimæ

Trinitatis de Malolcone dictæ Malleacensis diocesis, de consensu communi fratrum nostrorum in nostro capitulo propter hoc specialiter congregatorum. Decrevimus statuimusque ut canonici Malleonenses quacumque causa totiensque quotiens ad monasterium nostrum declinaverint, sint quasi ejusdem ecclesiæ nostræ canonici et in eadem nobiscum honorifice recipiantur. Pro canonicis vero ecclesiæ prædictæ nuperrime defunctis ea die qua breve adportatum fuerit campanæ pulsabuntur, omnesque canonici conventus nostri prædicti in choro conveniant more solito, et illic commendationem solitam faciant pro anima canonici defuncti et scribantur in Calendario seu Martyrologio nomen seu nomina canonicorum ecclesiæ prædictæ ab humanis decedentium. Insuper unum anniversarium singulis annis pro omnibus illius ecclesiæ canonicis defunctis, videlicet quinto idus octobri solemniter celebrabitur et ipsa die predicta tribus pauperibus refecto dabitur. De abbatibus vero quidquid in una ecclesia fiet similiter et in alia tam vita quam in morte videlicet quod in die qua adportatum fuerit breve, ipso nobis præsentato fiet commendatio in choro, et dicentur vigiliæ solemniter; in crastinumque dicetur missa de mortuis sicut pro nostris. Acta est etiam inter nos sequens conjunctio, videlicet quod in nostra ecclesia recipietur abbas prædictæ ecclesiæ semel in vita solum processionaliter cum cappis idem obviam procedendo extra portam ecclesiæ et sibi dabitur locus honorabiliter in choro, capitulo et aliis locis, procurabiturque domnus abbas predictæ ecclesiæ per totum unum diem inclusive cum octo equitibus et familia in nostro monasterio predicto. Si vero moram longiorem facere voluerit et a nobis recipiatur, hoc solum fiet de gratia et charitate et non ex debito. Johannes vero abbas prædictæ ecclesiæ de Maloleone de consensu fratrum suorum in capitulo propter hoc specialiter congregatorum nobis et canonicis nostris prædictis eadem que supra charitative concessit. Et ut hoc firmius habeatur, dedimus abbati et canonicis Malleonensibus antedictis has nostras presentes litteras perpetuo duraturas in testimonium veritatis sigillis nostris sigillatas. Die 22 maii, anno Domini 1459. »

Pierre fut désigné en 1461, avec Guillaume Chartier, évêque de Paris, par une bulle du pape Pie II, pour aller réformer l'abbaye de Fontevrault; enfin, nous le voyons encore en 1473, accompagné de *Johannes Gallinellus*, chapelain de la chapelle de la Sainte-Vierge, *de Galeniis* (la Galenie), fraterniser avec le couvent et l'abbaye de Saint-Jouin.

« Petrus obiit 3 aprilis. Jacet in medio chori. » (Mss. G.)

XX. Nicolas Ier Asse, d'une famille poitevine, dit la *Gallia christiana*, fils de Jean, seigneur du Plessis-Asse, et de Susanne Eschallard, et frère de Jacques Asse, bailli de Dijon, fut le premier abbé commendataire; il fut élu en 1490 et mourut en 1499. (*Gall. christ.*)

M. l'abbé Georget nous a communiqué la copie de l'épitaphe de Nicolas Asse. Elle était gravée sur une tombe plate de pierre blanche, qui se trouvait dans l'église, derrière l'autel d'une des chapelles placées du côté de l'évangile.

L'on y voyait aussi, gravée au trait probablement, la figure en pied de ce religieux, et de chaque côté étaient placés deux chérubins presque effacés qui paraissaient soutenir la chape dont il était revêtu.

HIC JACET
HUMILLIMUS NICOLAUS
ASSE PICTAVIENSIS
DU PLESSIS
AUREÆ-VALLIS ABBAS
PRÆFUIT AB ANNO
DOMINI 1490
USQUE AD ANNUM 1499
QUO OBIIT IN DOMINO
15 FEBRUARII KALENDARUM
REQUIESCAT IN
PACE

« Eo mortuo, Mathurinus, prior claustralis, statim omnes religiosos et abbatiæ beneficiarios in capitulum convocavit, ut in locum dicti defuncti Asse abbatem regularem eligerent. Itaque cessante commenda, electi sunt more solita tres sequentes quorum duo primi cum antiquum fuissent confirmati fungerentur.

« Dicentur tantum electi hæc habentur in ea antiqua electione facta anno 1500 ». (Mss. G.)

XXI. Hilarius Aton (Acton?), abbas electus. (Mss. G.)

XXII. Franciscus Brichard, abbas electus. (Mss. G.)

Ces deux derniers ne durent gouverner que quelques semaines, quelques jours peut-être, s'ils eurent même réellement l'administration de l'abbaye, car, d'après les nouveaux éditeurs de la *Gallia christiana*, Simon Pidoux, qui suit, fut élu le 4 mars 1500.

XXIII. Simon Pidoux, religieux et chanoine d'Airvau, fut désigné par les suffrages unanimes des frères le 24 mars 1500 (*Gal. christ.*). Le 4 mai, d'après son épitaphe rapportée plus loin par l'abbé du Temps (*Clergé de*

France), il aurait eu pour compétiteur André Asse. Il fut abbé régulier, dit notre manuscrit.

L'abbaye d'Airvau était tenue, d'après un ancien usage qui remontait peut-être (de nombreux exemples viennent justifier cette supposition) à la fondation du monastère, sous l'épiscopat de Gislebert, ou à sa réforme par Pierre II, l'abbaye d'Airvau, disons-nous, était tenue d'envoyer chacun an deux religieux à Poitiers, pour assister en chape, avec le corps du chapitre de la cathédrale, aux processions qui se faisaient en cette église les jours de Noël, Pâques et de la Pentecôte, puis rester au chœur durant la grand'messe, et commencer le répons *Viderunt* et le verset *Notum fuit*, à Noël ; le répons *Hæc dies* et le verset *Confitemini*, à Pâques, et à la fête de la Pentecôte, le premier *alleluia*, qui se commence *Emitte spiritum meum*, et chanter les versets susdits tout au long et faire résidence en chape, durant ladite grand'messe, au lieu susdit.

Le chapitre de Poitiers voulut faire revivre cet usage, qui était tombé en désuétude. Il est à croire que les chanoines d'Airvau se refusèrent d'abord à s'y conformer, car il intervint une sentence de la sénéchaussée de Poitiers, en date du..... septembre 1513, par laquelle ces derniers furent condamnés à remplir chaque année les devoirs dont nous venons de parler. (*Hist. de la cath de Poitiers*, t. II, p. 186. — Archives du dép. de la Vienne, *OEuvres mêlées du chap. de Saint-Pierre*, t. V, p. 337.)

Le 26 mai 1515, pour éviter des discussions prêtes à s'élever, Simon Pidoux fit avec Jacques de Liniers, seigneur d'Airvau, un échange, tant comme abbé que comme aumônier du monastère de Saint-Pierre, charge dont il était sans doute revêtu lorsqu'il fut élu à la première dignité, et qu'il avait probablement conservée après son élévation.

L'on voit que le seigneur d'Airvau donna 120 livres tournois et reçut en échange le droit de trois foires que percevait ledit Pidoux comme abbé d'Airvau, et d'une quatrième qu'il levait en raison de sa dignité d'aumônier. Jacques de Liniers, moyennant cette somme de cent vingt livres une fois payée, est déchargé de la rente de 3 septiers de froment et de 25 sols tournois qu'il donnait annuellement à l'abbé ; et ce dernier, pour amortir une rente annuelle et perpétuelle de deux pipes de vin qu'il devait à noble homme Léon de Sainte-Maure et à Anne d'Appelvoisin, son épouse, neveu et nièce de Jacques de Liniers, lui donne la somme de 200 livres. (D. Fonteneau, *verbo* de Liniers.)

Simon Pidoux « obiit 1515. Jacet in choro versus altare sancti Sebastiani. » (Mss. G.)

Voici l'épitaphe de Simon Pidoux, qui était gravée sur une tombe plate placée dans un arceau ; on voyait la figure de cet abbé en habit abbatial :

D. O. M.

HIC JACET

SIMON PIDOUX AUREÆ-VALLIS

ABBAS REGULARIS

QUI RELIGIOSUS CANONICUS

HUJUS ABBATIÆ

SUFFRAGIIS CAPITULARIIS FRATRUM

DESIGNATUR ANNO 1500, 4 MAII

OBIIT IN DOMINO ANNO 1566, 17 NOVEMBRIS

P. D.

PRO ANIMA EJUS.

Nous ne savons comment concilier la date de sa mort donnée dans cette épitaphe avec celle de l'obituaire ; l'un dit *obiit* 1515, l'autre *obiit in Domino* 1566 17 *novembris*. Admettrons-nous que le chroniqueur veut dire par le mot *obiit* qu'il abdiqua ; nous admettons bien plus loin une semblable leçon ; mais le cas n'est pas le même, et s'il ne fit qu'abdiquer en 1515, pourquoi précise-t-on le lieu de sa sépulture ? Pour nous, *adhuc sub judice lis est* ; nous renonçons à faire concorder ces deux dates.

Le 8 juin 1516, Aimery Escoublanc et Jehan Gicquet, prieurs curés de St-Varant et de Ste-Marie-Madeleine, députés du chapitre d'Airvau, vinrent déclarer devant Pierre Lambert, notaire apostolique, que les religieux de ce monastère avaient, après le décès de Simon Pidoux, dernier abbé, élu pour le remplacer François Tiercelin, religieux de l'ordre de St-Benoît, et que ce dernier avait refusé la charge qui lui était offerte, en déclarant toutefois se soumettre à la décision du saint-père.

Cet acte, qui est conservé aux archives du département de la Vienne (v° Airvau), avait été passé au château de la Roche du *Mayne*, en présence de nobles hommes Jacques de Marsay, seigneur dudit lieu, Nicolas Hugues, seigneur de la Pinaudière, et Cosme Tiercelin, écuyer.

Le saint-père apprécia sans doute les motifs qui avaient déterminé François Tiercelin à refuser l'honneur qui lui était offert, du moins son nom ne figure-t-il pas parmi ceux des abbés qui vont suivre.

XXIV. André Asse, sans doute l'ancien compétiteur de Simon Pidoux, lui succéda ; il fut abbé régulier comme son prédécesseur, et a été inconnu aux nouveaux éditeurs de la *Gallia christiana*.

Le 23 mars 1519, demoiselle Renée de Karaleu, dame

de Neuilly-le-Noble, et veuve de Jacques de Liniers, seigneur baron d'Airvau fit avec religieux et honnête homme frère Antoine de Vuen, infirmier du monastère dudit lieu, un échange par lequel il cède à ladite dame et à ses successeurs le *levage* du vin vendu et enlevé en la ville d'Airvau, consistant en quatre deniers par chaque vaisseau de vin tant gros que menu, droit qui lui appartenait en vertu de sa charge d'infirmier, et moyennant quinze sols de rente pris sur une rente de trente sols due à ladite dame, à chaque fête de Noël, sur un pré situé entre Louin et Champeaux.

Le 6 mars 1525, nous trouvons, comme aumônier et vicaire de l'abbaye, frère Antoine Pidoux.

« Andreas Asse obiit 26 aprilis 1534. Jacet in ecclesiam de Assiaco, *gallice* d'Assais, cujus erat etiam prior curatus. »

XXV. Petrus VI Rouillard. — Ultimus abbas regularis, electus fuit anno 1534 et obiit 1551, nous dit notre manuscrit.

Cependant la *Gallia christiana* rapporte une sentence de la sénéchaussée de Poitiers, du 16 janvier 1533, intervenue dans un différend élevé entre cet abbé et Marguerite de Liniers, dame d'Airvau. — Cela prouverait qu'il occupait le siège abbatial avant l'époque indiquée plus haut. Du reste, à partir de cet abbé nous remarquons, entre la liste donnée par la *Gallia christiana* et le document que nous suivons, de nombreux intervertissements dans la série des abbés, dont les noms sont bien les mêmes, mais placés dans un ordre différent.

Les bouleversements politiques et religieux avaient-ils fait tomber la plume de la main de l'écrivain, et cette plume, ramassée plus tard par un chroniqueur négligent, n'a-t-elle rempli qu'à demi les obligations qui lui étaient imposées? Nous l'ignorons, et, tout en constatant le fait, nous nous abstiendrons d'en rechercher les motifs.

XXVI. Jacques d'Escoubleau de Sourdis, évêque de Maillezais, abbé de Mauléon et de Preuilly, et abbé commendataire d'Airvau, avait été élu en 1551.

Les nouveaux éditeurs de la *Gallia christiana*, auxquels cet abbé était bien connu, mais qui ignoraient l'époque de sa mort, ne le placent dans leur liste qu'après Nicolas Lermiger, qui, disent-ils, vivait en 1569, et dont par le fait il fut le prédécesseur.

Plus heureux que nos savants devanciers, nous avons retrouvé dans les Chroniques fontenaisiennes (p. 69) la mention suivante, qui tranche la difficulté en faveur du manuscrit que nous avons pris pour guide, en donnant 1562 pour l'année du décès de cet abbé; mais, pour être toujours vrai, disons aussi que ce document était également tombé dans l'erreur, car il indiquait 1560 comme l'époque de la mort de Jacques d'Escoubleau.

Nous citons :

« Et le dimanche, jour de St-Luc, 1562, messire Jacques d'Escoubleau, évêque et seigneur de Maillezais, abbé de Mauléon, d'Airvault et de Preuilly, trépassa et fut mis en un tombeau de plomb, en la chapelle du château de l'Hermenault. » (*Chron. du Langon*.)

Jacques d'Escoubleau était fils d'Etienne d'Escoubleau, écuyer, seigneur de la Bernière, et de Jeanne de Tusseau, tige de la branche d'Alluye. (*Dictionnaire des familles de l'ancien Poitou*, t. II, p. 72.)

XXVII. Nicolas II Lermiger. — Il était abbé le 1er avril 1569, nous dit la *Gallia christiana*.

« Abbas commendatarius obiit 1569, » d'après notre manuscrit.

Il est donc bien établi qu'au lieu d'être le prédécesseur de Jacques d'Escoubleau, il lui succéda.

XXVIII. Henri Ier d'Escoubleau, évêque de Maillezais. A Nicolas Lermiger succéda, d'après notre manuscrit, Henri d'Escoubleau, évêque de Maillezais, fils de Jean, seigneur de la Chapelle-Bellouin, le Coudray-Montpensier, chevalier de l'ordre du Roi, gouverneur et bailli de Blois, etc., et d'Antoinette de Brives. Il était par conséquent neveu de Jacques d'Escoubleau, rapporté au numéro XXVI de notre liste.

La *Gallia christiana* ne mentionne pas cet abbé, et nous ne savons jusqu'à quel point nous devons admettre son existence comme abbé d'Airvau Henri avait bien succédé à son oncle sur le trône épiscopal de Maillezais ; recueillit-il aussi, à la mort de Nicolas Lermiger, cette partie de sa succession? Nous ferons observer que le document sur lequel nous nous appuyons indique faussement la mort de Henri d'Escoubleau en 1586, car il fut nommé aumônier des ordres du roi, et ne décéda qu'en 1615. Veut-il seulement exprimer par là qu'il cessa de gouverner cette abbaye ? Nous serions assez porté à le supposer, car nous le verrons employer la même expression *obiit* au sujet de l'un de ses successeurs (n° XXX), dont il parle comme s'étant démis de sa dignité d'abbé.

L'auteur du *Clergé de France* (t. II) donne pour successeur immédiat à François II, qui suit, un Henri d'Escoubleau qui, dit-il, administrait l'abbaye dès 1609, et plus tard donna sa démission.

Cet écrivain ne voudrait-il point plutôt parler du prédécesseur de François, et, confondant les deux Henri, attribuer à l'un les faits qui se rapporteraient à l'autre?

XXIX. François II d'Escoubleau, archevêque de Bordeaux, dit le cardinal de Sourdis, fils puîné de François, seigneur de Jouy, Launay, Montdoubleau, marquis d'Alluye, premier écuyer de la grande écurie, etc., et d'Isabelle Babou de la Bourdaisière.

Cet ecclésiastique, remarquable par son zèle et sa piété, avait rendu d'éminents services à Henri IV, qui le fit nommer cardinal le 3 mars 1595 et lui donna, l'année suivante, l'archevêché de Bordeaux, où ce pieux prélat laissa de nombreuses fondations pour les pauvres et les ecclésiastiques de son diocèse.

Notre manuscrit, qui le fait mourir en 1615 (confondant la date de sa mort avec celle de Henri, évêque de Maillezais, son oncle), est dans l'erreur : le cardinal de Sourdis est décédé à Bordeaux le 8 février 1628.

A François d'Escoubleau succéda, si l'on en croit la *Gallia christiana* et l'abbé du Temps (*Clergé de France*), Charles Myron, évêque d'Angers. L'on verra plus loin (n° XXXI) les motifs qui nous font considérer comme une interprétation fautive la place donnée à cet abbé par ces écrivains.

XXX. Ludovicus de Boissy de Caravas. — Louis Gouffier, comte de Caravas, fils puîné de Claude, seigneur de Passavant, Saint Loup, etc., et de Marie Myron, était abbé d'Airvau en 1628, d'après la *Gallia christiana* et l'abbé du Temps. Nous devons penser qu'il n'avait d'ecclésiastique que l'habit, car, son frère aîné Charles étant mort sans alliance, il donna sa démission et rentra dans le monde, où il se maria.

Notre manuscrit dit bien *obiit* 1621 ; mais, comme nous le voyons établir à l'article suivant l'abdication de Louis

Gouffier en faveur de Charles Myron, évêque d'Angers (sans doute son cousin), nous devons traduire sa démission en ce sens qu'il *mourut* pour l'abbaye, puisqu'il l'abandonna. Quant à la date 1621, elle nous paraît fautive.

XXXI. Henri I d'Escoubleau, archevêque de Bordeaux, frère de François précité. Voici ce que dit de lui notre manuscrit :

« Henricus I d'Escoubleau, archiepiscopus Burdigalensis, obtinuit abbatiam per demissionem comitis de Caravas supradicti, qui matrimonium contraxit, quod tamen non statim pacifice possedit. Dominus enim Myron Andegavensis episcopus, in cujus favorem dictus comes de Caravas resignaverat, archiepiscopo Burdigalensi litem intendit, sed lis per amicos composita est, ea tamen conditione ut dictus dominus Myron privatum de Passavant ab archiepiscopo acciperet, archiepiscopus autem possidebat Sancti Jovini de Marnes ac Malloleone.

» Obiit 1646. » (Mss. G.)

Il y a erreur dans cette dernière date ; l'archevêque de Bordeaux mourut à Auteuil le 13 juin 1645. L'on sait que, porté plutôt par caractère vers le métier des armes que vers les paisibles occupations de l'état religieux, Henri d'Escoubleau avait suivi Louis XIII au siége de la Rochelle, qu'il fut nommé président du conseil de la marine, et que ce fut en cette qualité qu'il commanda l'expédition dirigée contre les îles Saint-Honorat et Sainte-Marguerite, occupées par les Espagnols; il fut député à l'assemblée du clergé de 1640, etc.

Son caractère hautain et impérieux lui attira plusieurs querelles, notamment avec le duc d'Epernon et le maréchal de Vitry.

Nous ferons remarquer que l'abbé du Temps le place immédiatement après son frère François.

XXXII. MICHAEL PONCET. — « Episcopus Sisteriensis deinde archiepiscopus Bituricensis. Henrico d'Escoubleau vita functo, abbatia vacavit per decem menses; postea eadem vocatus a rege. Triginta annos rexit et interea omnia illius jura strenue deffendit, et abbatialem supra ruinas antiqui monasterii ædificavit. Fato vero concessit anno 1674 mensis novembris 22. » (Mss. G.)

Il était, nous dit la *Gallia christiana*, protonotaire apostolique, docteur en Sorbonne, et fut nommé abbé d'Airvau par Louis XIV en 1446. (*G ch.*)

Michel Poncet méritait, de la part de l'historien de l'abbaye, l'éloge d'avoir défendu énergiquement les droits et les prérogatives de son monastère. Un procès qu'il soutint contre le seigneur d'Airvau (procès auquel cette phrase fait sans doute allusion) témoigne en effet de son zèle, mais prouve en même temps que, pour être animé des meilleures intentions, il n'en était pas moins entraîné hors des limites de la stricte justice. Il donna à ses successeurs l'exemple de déni de reconnaissance en méconnaissant les droits que le seigneur du château avait à se dire fondateur de l'abbaye, et lui refusant les honneurs qui lui étaient dus comme patron et bienfaiteur.

Le 8ᵉ jour de mars 1661, cet abbé obtint de la duchesse de Thouars (la célèbre Marie de la Tour) un acte qui déchargeait du droit de fromentage ceux qui devaient des dîmes à l'abbaye. Voici le texte de cette concession :

« Nous Marie de la Tour d'Auvergne, duchesse de la Trémoille et de Thouars, et comme procuratrice générale de monsieur le duc de la Trémoille nostre très-cher et honoré seigneur et époux, promettant d'abondant lui faire agréer et ratifier ces présentes, en considération de ce que l'abbaye d'Oirvault est de la fondation des seigneurs de Thouars, pour l'augmentation et faveur d'icelle, avons accordé, donné et concédé, et par ces présentes donnons et concédons à messire Michel Poncet, abbé de ladite abbaye, que les propriétaires, fermiers et laboureurs de terres sur lesquelles il ne prend que les dixmes soient et demeurent quittes et deschargés jusqu'à la concurrence de cent livres de revenu annuel seulement du droit de fromentage [1], que nous prétendons sur la terre et bailliage d'Oirvault, Oiron et Coulonges, quand elles sont labourées. Ladite somme de 100 livres à liquider et régler sur le pied de la valeur dudit droit, tel qu'il nous sera adjugé par l'arret définitif que nous poursuivons sur l'instance pendante en la cour du parlement pour raison d'icelui, et laquelle exemption de 100 livres par an, ledit sieur abbé pourra appliquer sur telles desdittes terres qui lui doivent dixmes et qui ne seront exemptées par ailleurs, qu'il jugera à propos. Et outre nous consentons que les dixmes qu'il est fondé de prendre sur les terres qui seront déclarées sujettes audit droit, soyent payées par préférence pour éviter les contestations qui pourroient naître entre nos fermiers. En témoin de quoi nous avons signé ces présentes à Paris, le 8e jour de mars 1661. (Signé) Marie de la Tour d'Auvergne; par madame, Scalberge. » (D. Fonteneau, t. 26, p. 801.)

XXXIII. HENRICUS III DE PICHARD DES FARGES. — « Post pugnam Morinorum, vulgo *bataille de Cassel*, initam in qua princeps Arauciensis a duce Aurelianensi unico regis fratre fusus ac fugatus est, Germanus de Pichard des

---

[1] Pour le droit de fromentage, voir première partie.

Farges, reginæ legionis subpræfectus, vir fortis et ad laborem impiger, cum in hoc prælio adversus hostes fortiter egisset, abbatiam Aureæ Vallis pro dicto Henrico natu minoris filio apud regem XIV adeptus est, sed propter infirmam ejus ætatem (nondum enim annum duodecimum attigerat) regimen abbatiæ erat penes matrem ejus Eleonoram de la Laurentie, immoderatam atque amentem sane feminam, in quo regimine, muliebri animo se gerens, bona pauperum devoravit, fraudando eos solitis elemosinis et ad familiam suam partem illorum applicando, silvas de Chauveria vendidit, et devastavit....... Abbatior... destruxit ac vendidit, et ut scribere mittam cætera, nihil aliud quam lac et lanam quesivit. Nec major fuit cura in filio educando quam in administrando abbatia, quum enim adolescens liberali ingenio et insigni forma præditus esset, tamen eum sine institutione atque disciplina viveret, venationi ac voluptatibus omnibus deditus. Obiit secunda die novembris 1690 ætatis 25. » (Mss. G.)

D'après l'auteur du *Clergé de France*, Henri de Pichard, qui, avant sa promotion, était simple clerc du diocèse de Paris, fut nommé abbé le 5 juillet 1677.

Le 19 novembre 1683, par acte reçu par les notaires « des châtellenies de l'abbaye d'Oirvault, Irrays et Jumeaux, » cet abbé sous-loua, moyennant 150 livres, à dame Marie Thibaud, veuve de N .., écuyer, seigneur Duchillau, une maison que les R. P. jésuites lui avaient affermée, située rue des Jésuites, à Airvau.

XXXIV. Guillelmus Dubois. —« Natum in territorio.... Oricencensi in urbe Galliæ nuncupata Brives-la-Gaillarde et parentibus ingenuis, cum ad egregios ingenii dotes præceptor Philippi ducis Aurelianensis factus est, hanc abbatiam obtinuit. Postea S. S. Ecclesiæ romanæ, cardinalis, archiepiscopus et dux cameracensis (*Cambrai*), sancti imperii princeps, regi a secretioribus consiliis mandatis et legationibus primarius regni minister, publicum cursorum præfectus, nec non ecclesiæ Sancti Honorati Parisiensis canonicus honorarius, qui dum rexit abbatiam per 33 annos nihil aliud quam lac et lanam sicut predecessores ejus etiam quæsivit, cum nihil novum nec reparatum quidem, nec in ecclesia, nec in abbatiali domo nec in aliis dependentiis egisset; quinimo quatuor prebendas hujus abbatiæ fere semper vacantes reliquit, quarum portiones canoniales voravit, ita ut decem millibres (*sic*) nummos capitulum fraudaverit et debitor *sibi* inconsecus. Obiit Parisiis anno 1723, mense augusti, ætatis suæ 67. Sepultus in ecclesia Sancti Honorati. » (Mss. G.)

Le cardinal Dubois avait été nommé le 14 décembre 1690. (*Gal. christ.*)

Voici le serment que prononça le cardinal Dubois lors de sa nomination à l'abbaye d'Airvau. En rapprochant les obligations qu'il contracte des quelques lignes précédentes, on voit que la trop célèbre Eminence ne mérite pas plus d'éloges comme abbé que comme premier ministre :

« Moi, Guillaume Dubois, perpétuel commendataire du monastère de Saint Pierre d'Airvault, ordre de St-Augustin, fidèle jusqu'à ce jour à Dieu, au bienheureux Pierre, à la sainte Eglise romaine et au seigneur, notre maître, le pape Innocent XII, *je promets d'être en toute circonstance le protecteur des chanoines d'Airvault*; je leur donnerai toujours les conseils que je croirai convenables; j'aurai soin d'agrandir et d'augmenter les hommes, les priviléges et l'autorité de notre saint-père le pape et de ses successeurs; je tâcherai qu'il ne soit rien fait contre l'Eglise romaine;

s'il arrivait quelque chose de sinistre, je m'y opposerai autant que je le pourrai; j'observerai les règles et les décrets du saint-père, les ordinations, les provisions et les mandements apostoliques, et je tâcherai de les faire observer par les autres; je poursuivrai et combattrai les hérétiques, les schismatiques et les rebelles à notre seigneur le pape et ses successeurs; j'irai au synode, à moins d'en être empêché; *je ne mettrai rien en fief, je n'aliénerai rien*, pas même avec le consentement de mon monastère, sans consulter le pontife de Rome. Ainsi que Dieu m'aide.»

XXXV. Aimardus Robertus de Prie. — « Clericus, abbas Normannus ex diocesis Lisionenzis (*Lizieux*?) in castello gallice *de Courbepie* ou *Courbepine* natus. A rege nominatus rexit abbatiam per 36 annos, quibus nil novum nec reparatum quidem nec in ecclesia nec in domo abbatiali fecit. Quinimo cuncta nemora depopulavit, triginta tria jugera in silva de la Chauvière vendidit absque consensu capituli, et omnes arbores et ulmos in aulis abbatiæ et in omnibus hujus dependentiis eradicavit. Propter quod per sententiam magni aquarum et silvarum magistri anno 1743 triginta sex millibus octingentis quatuor libris multatus est in restitutionem, de qua multatione per arrestum regii consilii absolutus. Ad ultimum triginta unum jugera lignorum in nemore de la Chauvière vendidit anno 1749, nonobstante consensu capituli, oppositionem agentis, ut patet ex lite a capitulo intenta anno 1750 et in tabulario servata post compositionem factam, ac tandem obiit in Normannia in dicto castello de Courbepine ibique sepultus die septima martii 1759, ætatis 89. » (Mss. G.)

Ce fut sous son administration que les aumônes que distribuait l'abbaye aux pauvres d'Airvau et aux voyageurs malheureux furent réunies à l'hôpital général de

Poitiers, en vertu de déclarations du roi et conformément à une ordonnance de l'intendant de Poitou.

Nous donnons ici le texte de cette dernière pièce, dont nous devons communication à l'obligeant M. Rédet.

« Jean-Baptiste Desgallois, chevalier, seigneur de la Tour, conseiller du roy en ses conseils, maître des requêtes ordinaire de son hôtel, intendant de justice, pollice et finances en la généralité de Poitiers... veu la déclaration du roy du 18 juillet 1724, par laquelle S. M. a ordonné l'établissement d'hopitaux généraux pour y recevoir, nourrir et entretenir les pauvres, avec deffences de mandier soubs les paines y portées, l'arrest du conseil d'Etat rendu en conséquance, le 23 janvier dernier, qui réunit aux hopitaux généraux des villes de Poitiers, Nyort et Fontenay destinées à renfermer les mandiants, en exécution de laditte déclaration, touttes les aumones sans exception, tant en argent, qu'en pain, grains et autres denrées, que les communautés religieuses, abbayes, prieurés, commanderies et autres maisons de piété, estoient dans l'usage et pocession de faire et distribuer à leurs portes, tant aux passants, pellerins et mandiants, qu'à touttes autres sortes de personnes indistinctement... Requête desdits sieurs abbé, chanoines et chapitre de laditte abbaye (d'Airvau) du 29 mars, contenant la déclaration par eux faitte, de distribuer les aumones qui suivent.

» 1° Tous les jours de dimanche et feste à quarante huit personnes par eux choisies et qu'ils disent assister lesdits jours à une procession et grande messe, se confesser et communier une fois le mois, auxquels ils donnent une certaine quantité de pain, d'argent et de vin chasque jour.

» 2° Touts les ans, le jour de l'Anontiation, au sacristain, procureur, barbier et à chascun des verdiers ou gardebois, un pain blanc, une pinte de vin et cinq sols en argent, qu'ils prétendent estre anexée à leurs charges et faire une partie de leurs gages.

» 3º Le jeudy saint, une aumône génèralle à touts les pauvres quy se presentent à l'occasion du lavement des pieds de la *scenne*, en pain et en fèves; lesquelles dittes trois aumones, ils prétendent n'estre pas dans le cas de la réunion, attandu les conditions soubs lesquelles ils en font la distribution.

» 4° Une aumone autrefois distribuée le jeudi gras, et depuis commuée par arrest du parlement du 13 janvier 1668 en la quantité de quatre vingt pains de trois livres et un quartron, par eux distribuée en intention dudit arrest touts les jeudy de l'année tant aux habitans d'Oirvault, que ceux de plusieurs autres paroisses.

» 5° Aux passants, touttes les semaines 200 livres de pain quy font par année, 10,400 livres de pain...

» Après avoir ouy contradictoirement les sieurs administrateurs et le sieur Lavial prieur de laditte abbaye,

» Nous ordonnons que l'arrest du conseil du 23 janvier sera executté selon sa forme et teneur, en conséquence avons évalué et évaluons :

» 1° Laumone deue par les abbé, prieur, chanoines et chapitre de l'abbaye de St-Pierre d'Oirvault le jeudy de touttes les semaines de 80 pains de moudure de trois livres et un quartron, quy font par année 13,520 livres de pain, à 676 boiceaux de bled moudure valant seigle, mesure d'Oirvault, et les 13 s. 4 d. par eux deubs par chascunes desdittes distributions à la somme de 34 livres. 13 s. 4 den.

» 2° Celle par eux distribuée aux passants, mandiants et

pellerins touttes les semaines, et par eux fixée à 10,400 l. de pain, à la quantité de 520 boiceaux de bled moudure valant seigle.

» 3° Celle faitte aux personnes de la paroisse d'Iray pendant le caresme en grain ou pain outre celle des jeudis de chasque semaine par eux fixée à dix-huit septiers, le septier de douze boiceaux, à la quantité ; se montant les trois aumônes cy-dessus à 1,413 boiceaux de bled moudure mesure d'Oirvault[1], au payement desquelles par provision nous avons condamné lesdits abbé, prieur et chanoines, pour par eux estre délivrés de bonne qualité à l'hopital général de cette ville à la première réquisition des administrateurs..... Fait à Poitiers, le 27 avril 1725. » (Signé) Desgallois de la Tour. (*Arch. du département de la Vienne*, c. 2, liasse 35.)

XXXVI. EDMOND-SÉBASTIEN-JOSEPH DE STOUPY, ex provincia Belgia, vir nobilis, doctor Lovaniencis (*Louvain*), canonicus et theologus, professor in ecclesia cathedrali Leodicensis (*Liége*) nec non vicarius generalis eminentissimi cardinalis Ducis Bavariæ episcopi et principis Leodicensis qui, ob præclara sua in favorem regis gesta, abbatiam in mercedem meruit, cujus possessionem obtinuit mense aprilis 1760. (Mss. G.)

Sa nomination, d'après la *Gazette de France* de l'époque, remontait au 17 novembre 1759. (D. Font., t. 44, p. 281.)

Nous avons mentionné, dans la première partie de notre travail, le procès acharné soutenu par cet abbé contre le seigneur d'Airvau, auquel il refusait les honneurs de l'église, que ce dernier réclamait comme patron et fondateur de l'abbaye.

---

[1] Pour la contenance de la mesure d'Airvau, voir page 552.

Nous ferons remarquer à ce propos que c'est par erreur évidente que l'Almanach provincial et historique du Poitou classait, dans chacune de ses éditions successives, l'abbaye de St-Pierre d'Airvau parmi les monastères de *fondation royale ;* ceci n'était qu'une prétention de l'abbé, dont nous avons vu le parlement de Paris faire justice.

XXXVII. Claude-Louis du Houx de Dombasles, prêtre du diocèse de Nancy, vicaire général de l'évêque de Laon, fut nommé abbé en 1786, après la mort de M. de Stoupy.

Nous ne connaissons que peu de choses sur la vie de l'abbé de Dombasles, voici tout ce qu'ont pu nous apprendre quelques lettres qu'il adressait à M. Roboam, prieur du chapitre :

Nous le voyons, en 1787, membre de l'assemblée provinciale de la Lorraine et de la commission intermédiaire, qui est, dit-il, « tellement accablée d'ouvrage qu'il craint bien qu'on ne lui permette pas de s'absenter pour venir visiter son abbaye. » L'on voit, d'après une autre lettre du 1ᵉʳ décembre 1787, que les chanoines d'Airvau craignaient d'être réunis à quelque autre chapitre ; il les rassure et leur promet de faire tous ses efforts pour l'empêcher. Le 20 février 1789, il témoigne toujours le désir d'aller visiter son monastère ; « mais, malheureusement, écrivait-il de Paris, je ne suis pas mon maître ; ma province m'a donné sa confiance, elle m'a député ici pour traiter ses intérêts ; j'ai eu le bonheur de réussir dans ma négociation, et dans quelques jours je retourne à Nancy, pour rendre compte de ma mission ; quoique je sois bien résolu de faire ce qui dépendra de moi pour éviter d'être envoyé aux états généraux, il est à craindre que je ne puisse pas m'en défendre. »

Nous croyons devoir encore transcrire les deux lettres suivantes, qui nous ont paru offrir quelque intérêt, la dernière surtout, qui fera bien comprendre dans quelle position difficile se trouvaient alors les personnes haut placées et qui, par leur position, étaient tenues à secourir les indigents. L'on verra les réflexions fort justes de M. de Dombasles, réflexions qui furent sans doute accueillies par bien des récriminations, d'amers reproches; mais cependant, comme il le dit, « seul, que peut-il faire? »

« Nancy, 15 août 1789.

» Je m'empresse, mon cher prieur, de répondre à votre lettre que je viens de recevoir. Le décret de l'assemblée nationale vient de paraître et vous êtes *bien sûrs dès ce moment de conserver vos malheureux petits bénéfices*, tant pour ce que vous les avez déjà et que la règle n'est faite que pour l'avenir, que parce qu'ils sont bien loin de valoir la somme de mille livres qui entraîne l'incompatibilité. Il n'est pas aussi sûr que vous ne soyez pas sécularisés. A la manière dont vont les états généraux, les corps ecclésiastiques ont beaucoup à craindre; mais sûrement, dans ce cas, on vous conservera en pension le revenu de vos places.

» La semaine prochaine, le sort des religieux sera décidé, ainsi que l'état des bénéfices pour l'avenir; il paraît qu'on veult favoriser les curés, et je suis porté à croire qu'on ne diminuera pas leur sort; *cependant les idées actuelles sont si étranges qu'on ne peut rien assurer.* »

Les événements qui suivirent durent désabuser M. de Dombasles, et de quelque peu de valeur que fussent les *malheureux petits bénéfices* des chanoines d'Airvau, ils furent jugés de bonne prise par ceux dont l'avidité insatiable ne reculait devant aucune spoliation.

« Nancy, 28 octobre 1... [1].

» Il y a bien longtemps, mon cher prieur, que je n'ai point reçu de vos nouvelles, et je les attends avec impatience ; je me doutais bien que M. l'évêque d'Autun [2] devrait vous donner de l'inquiétude; elle est alarmante pour le clergé en général. On ne se serait pas douté qu'une pareille proposition dût venir d'un prélat; les choses qui arrivent sont en général faites pour nous surprendre. J'espère toujours que l'assemblée sera frappée des motifs de justice qui militent en faveur du clergé; au surplus, quelle que soit sa détermination, il m'est impossible de croire qu'elle prive les titulaires actuels de l'usufruit auquel ils ont un droit si évident. . . . .

. . . . . J'apprends avec bien du chagrin que vous éprouvez à Airvault de l'inquiétude sur les subsistances; j'espère que le besoin ne sera pas réel et que cette inquiétude n'a pas d'autres sources que la commotion générale de tous les esprits. Cette détermination de concentrer dans la ville les bleds des environs sera peut-être contrariée par le décret de l'assemblée nationale, qui permet la libre circulation des grains dans le royaume. Le désir de faire des greniers d'approvisionnements serait la meilleure ressource, mais pour les faire un peu considérables, il faudrait une somme d'argent un peu considérable, et je crains bien que la ville d'Airvault ny puisse suffire. Si cependant ce projet réussit, je me ferai un plaisir d'y contribuer, mais il faudrait avant que je sceusse la place de cet établissement, que je connusse ce qui a été fourni par les autres habitans et que je jugeasse que cette gêne que je m'imposerais pût être de quelqu'utilité; car vous concevez,

[1] Le reste de la date est déchiré.
[2] M. de Talleyrand.

mon cher prieur, que si j'étais seul ou presque seul à former cet établissement, j'en éprouverais l'incommodité et le dommage sans pouvoir me flatter d'être de quelque ressource à la ville.

» Au surplus, c'est entre nous que je fais ces réflexions, je vous prie même de ne pas les communiquer ; si on se détermine à me faire cette demande, j'y répondrai de mon mieux ; mon intention très-réelle est de contribuer au bien de la ville d'Airvault, quoique assurément je n'ai pas lieu de me louer des procédés de ses habitants.

» (Signé) l'abbé DE DOMBASLES. »

Pour se conformer au décret de l'assemblée nationale du 13 novembre 1789, M. de Dombasles fit à la municipalité d'Airvau une déclaration des biens de son abbaye. Cette pièce est aujourd'hui perdue ; nous en avons trouvé un extrait aux archives du département de la Vienne, mais seulement pour les biens possédés dans la paroisse de Jarzay, avec petite extension sur celles de Mazeuil et de Cuon. Le revenu de ces biens, qui dépendaient du prieuré de la Bourrelière, y est évalué à 735 liv. 4 s. 6 d.

La rigueur de l'hiver de 1788-89 et l'épidémie qui ravagea les paroisses environnantes vinrent prouver que, fidèles à leur origine, les chanoines d'Airvau, en dignes prêtres de Jésus-Christ, surent égaler leur zèle et leurs aumônes aux besoins, aux nécessités, aux misères des pauvres sans nombre qui les environnaient. « On a vu, dit un témoin oculaire [1], des chanoines de ce chapitre braver le froid excessif pour aller administrer, au péril de leur vie, les sacrements aux malades en danger de mort, particulièrement dans la paroisse de Soulièvre, limitrophe de

[1] *Affiches du Poitou*, 1789, p. 103.

celle d'Airvau (où une épidémie a moissonné un sixième des habitants), et secourir les malheureux par des charités même au-dessus de leur fortune. »

Comment les prétendus philanthropes révolutionnaires récompensèrent-ils de tels sacrifices? Les chanoines d'Airvau avaient exposé leur vie, sacrifié leur fortune peur venir en aide à leurs concitoyens, malheureux et mourants. On les poursuit, on les traque, on les dépouille; que l'on attende encore quelques mois, et que voit-on? Les chanoines menacés, privés de leurs biens, dont la nation s'empare, faire en vain un appel à l'assemblée nationale. Vaines démarches, leurs réclamations sont inutiles, et, malgré l'avis du comité de constitution de l'assemblée, le directoire du département des Deux-Sèvres, les assimilant à de simples religieux, achève leur ruine et complète la spoliation.

Voici la copie de ces deux documents :

« Les membres des deux chapitres d'Airvault ne sont pas dans la classe des relligieux. Ne menant point la vie commune, jouissant d'un revenu distinct, n'étant assujétis qu'à l'office, ayant payé chacun d'eux la contribution patriotique [1], étant imposés aux taxes publiques, il n'est pas douteux que la qualité de chanoine de ce chapitre n'est pas une raison d'exclusion du titre de citoyen actif, si par ailleurs ils réunissent les qualités déterminées par la constitution.

» Fait au comité de constitution le 21 mai 1790.

» Signé : Le Chapelier. »

« Sur une requête adressée au département par quelques

---

[1] Celle de M. Roboam (Gabriel), prieur de l'abbaye d'Airvau, s'éleva à la somme de 556 livres, payable en trois termes.

chanoines du chapitre régulier d'Airvault qui réclament un traitement conforme à celui que l'assemblée nationale accorde aux chanoines par son décret du 24 juillet dernier; après avoir pris lecture d'une décision du conseil ecclésiastique en date du 15 décembre dernier, donnée sur ce sujet,

» Le directoire du département des Deux-Sèvres, ouï le substitut du procureur général sindic, a arrêté que les membres du chapitre régulier d'Airvault doivent être considérés comme *religieux* et ne prétendre par conséquent qu'au traitement décrété pour les simples religieux.

» Fait à Niort, en directoire, au lieu ordinaire des séances, le 17 janvier 1791.

» Signé : Château, président; Piet, Dorfeuille, Sauzeau, Nourry et Piet-Chambelle, secrétaire général. »

Peu de temps après, les religieux se dispersèrent, et de cette antique et sainte abbaye il ne resta plus qu'une église déserte, bientôt souillée par le contact impur de profanateurs avides; le nom de Dieu fut maudit et blasphémé dans le lieu saint. Tout était consommé.

§ IV.

COMPOSITION DU CHAPITRE, REVENU, ETC.

Le chapitre d'Airvau se composait [1] de douze canonicats; ces places, dont le nombre ne pouvait être augmenté ni diminué, étaient toutes à la nomination de l'abbé.

Les dignitaires étaient : le prieur, qui n'était point élec-

---

[1] Les documents qui nous ont servi pour écrire ce paragraphe sont plusieurs mémoires de dates, de rédaction et de sujets différents qui nous ont été communiqués par feu M. l'abbé Georget, curé d'Airvau.

tif, mais en titre et inamovible comme les autres chanoines, le sacristain ou trésorier, l'aumônier et l'infirmier, à l'instar de l'Eglise de la Rochelle. De plus, l'un des chanoines remplissait les fonctions de curé et un autre celles de clerc d'autel; ce dernier devait aussi toujours être prêtre, parce qu'en outre de son service à l'autel, il remplissait encore les fonctions de vicaire de la paroisse.

Les chanoines pouvaient, outre les dignités dont nous venons de parler, posséder des bénéfices simples, soit par résignation de leurs confrères en leur faveur, soit par nomination de l'abbé. Les revenus de ces bénéfices, dont ils prenaient possession, comme des places dignitaires, par notaire apostolique et sur le visa de l'évêque, étaient absolument séparés et distincts de celui de leurs canonicats, qui leur était payé annuellement par l'abbé, et qui consistait en : 6 barriques de vin (la barrique coulant 30 veltes), 8 setiers [1] ou huit douzaines de blé-froment, mesure d'Airvau [2], dont le boisseau pesait environ 30 livres; 400 fagots de 6 pieds de long et de 3 pieds et demi à 4 pieds de grosseur, composés de bois âgé de 25 ans, et 4 cordes de gros bois, plus 105 livres en argent, dont 25 livres pour indemnité de logement,

Le prieur claustral, comme premier dignitaire du chapitre, était mieux partagé; il recevait 9 barriques de

---

[1] Le setier équivalait à 12 boisseaux.

[2] Le boisseau d'Airvau tenait un boisseau et un quart de celui du minage de Poitiers, dont les dimensions étaient, d'après un mémoire que nous avons sous les yeux : diamètre, 13 pouces 11 lignes 3|4; circonférence, 45 pouces 11 lignes 1|4; profondeur, 4 pouces 8 lignes 1|6.

vin, 11 setiers de froment, 535 fagots, 6 cordes de gros bois, et 153 livres en argent, et, de plus, il avait la jouissance d'une petite maison de campagne.

L'aumônier, l'infirmier et le sacristain avaient également des domaines particuliers.

Les chanoines avaient en outre ce qu'ils appelaient leur *petit chapitre*, dont le revenu, destiné à l'acquit de messes, se partageait par égale portion, ce qui donnait encore à chacun d'eux 40 livres environ ; l'abbé n'y avait aucun droit.

Nous citerons encore, au sujet de ces pensions alimentaires, le document suivant. Outre que cet accord nous fournira quelques nouveaux détails sur ce qui composait le revenu des chanoines à la fin du xvie siècle, nous y verrons les noms des religieux qui habitaient le monastère à cette époque.

« Sachent tous que en droit en la cour du scel establie aux contracts à Oirvault pour hault et puissant seigneur, monsieur le baron dudit lieu ont été présents..... MM. vénérables religieuses personnes, frères Pierre de Brachechien, aumosnier et grand vicaire d'icelle abbaye; Pierre Gerry, chapelain de l'autel parochial; Mathurin Baillif, infirmier; Jacques Regnault, chapellain de Saint-Jacques; Pierre Brignolleau, François Rousset, prieur de Saint-Porchère; François Pineault, Roland de Vandel, bachelier, et Antoine de Lescalle, novice, tous relligieux de ladite abbaye; maître Laguillon, clerc d'autel; maître Benoist Fouret, chirurgien et barbier, et autres officiers servants en ladite abbaye, d'une part, et honorable messire François Piquault, seigneur de la Goutte..... fermier général de ladite abbaye, ses circonstances, appartenances et dépendances quelconques, d'autre part. Lesquelles parties ont aujourd'hui et par ces présentes font..... entr'elles les pactions, accords.....

» C'est assavoir que ledit fermier susdit a promis, promet bailler et payer les dessusdits relligieux pour leurs pensions monacales seullement par chacun an ou durant le temps de la ferme en l'année commençant cejourd'huy, jour et feste de saint Jehan-Baptiste, finissant à pareil jour, à chacun desdits religieux la somme de vingt six écus sols deux livres en argent, huit septiers froment mesure d'Oirvault, bon bled, pur, nouveau, marchand cramable, trois pipes de vin, une de blaud et deux de clairet, bon vin..... quatre cent fagots de bois de chesne sec et quatre charteaux de gros bois.... et ce par avance par chacun quartier, à commencer le premier quartier de payement cejourd'huy, jour et feste de saint Jean-Baptiste.

» Et pour le regard du prieur claustral, tant à cause de sa dignité prieurale que pensions, ledit Picquerault sera tenu..... payer au venerable Pierre Gerry, prieur susdit..... par chacun an la somme de quarante écus en argent, 6 pipes de vin, 2 de blaud et quatre de clairet, 12 septiers froment, et le bois de la maniere accoustumée, comme aussi sera tenu ledit Picquerault payer audit Gerry, outre sa dite pension à cause de l'office de chapellain, la somme de 33 écus un tiers et deux charretées de gros bois.... Et audit Lescalle, à présent novice a promis..... lui bailler..... sa dite pension... . en raison des deux tiers d'une pension de religieux entière et congrue..... et audit maitre Benoist Fouret, chirurgien de ladite abbaye, payera ledit fermier à la manière accoustumée, comme ont fait les précédents fermiers .... outre promet ledit Piquerault faire l'O de mondit sieur abbé, ensemble le gateau de quattre boisseaux de fleur de farine de froment dû le jour et feste des Roys, et le diner le jour et feste de saint Augustin à tous lesdits religieux, clercs et officiers servants, une fois l'an seulement, comme aussi promet..... bailler et delivrer audit clerc d'autel, par chacun an, le bled froment qui sera requis pour faire le pain à chanter et fournir de vin bon, pur, cramable, pour dire les messes..... plus, deux charretées de gros bois et une de fagots chêne sec pour faire ledit pain à chanter, et fera blanchir le linge de l'église, entretiendra le fermier le clocher d'icelle de serrures (*sic*) et de gresse quand il en sera requis..... Fait à Oirvault le 24 juin 1599. »

Nous ferons remarquer que la pièce sur laquelle nous avons pris ce qui précède n'était elle-même qu'une copie informe et d'une fort mauvaise écriture, pleine de blancs et couverte de ratures.

Les religieux étaient tenus d'assister à trois grands offices chaque jour comme les chanoines séculiers et selon que leur prescrivait leur première institution ; nous ignorons si d'autres obligations leur étaient imposées.

Lorsqu'une place venait à vaquer par la mort d'un chanoine ou par sa nomination à une cure, l'abbé donnait un mandement à la personne qu'il voulait gratifier de la place vacante; alors le nouveau pourvu se présentait au chapitre, qui ne pouvait le refuser au moyen de son titre, à moins que le sujet ne fût reconnu de mauvaises vie et mœurs, et, pour s'en assurer, on lui donnait une année avant de l'admettre à prononcer ses vœux, qui consistaient dans celui de désappropriation et de servir Dieu dans l'église de Saint-Pierre d'Airvau; de tout quoi il était dressé acte capitulaire.

Le chanoine *mineur*, pendant son année d'épreuve,

était obligé d'assister tous les jours aux trois grands offices, sous peine de recommencer sa *rigoureuse*, s'il manquait un seul office pendant l'année ; cette obligation remplie, il était libre, comme les autres chanoines, de jouir de son revenu séparément, mais il ne participait point à ce que l'on appelait le *petit chapitre*.

Lorsqu'une cure venait à vaquer, soit par le décès ou la démission du titulaire, l'abbé choisissait un des chanoines pour remplir la cure vacante, et un sujet pour occuper son canonicat.

Les membres du chapitre d'Airvau ne reconnaissaient d'autres supérieurs, visiteurs ou chefs d'ordre, que l'évêque de la Rochelle, leur diocésain, chez lequel les sujets faisaient leur *séminaire* ; ils étaient assujettis aux mêmes rites et bréviaires que les autres prêtres du diocèse.

Ces religieux avaient toujours conservé l'habit séculier et ne formaient ni communauté ni congrégation, chacun d'eux vivant et jouissant de son revenu séparément.

En effet, détruits pendant les guerres de religion (probablement à l'époque de la bataille de Montcontour, en 1569 [1]), les lieux réguliers n'avaient jamais été reconstruits. Les abbés, si telle eût été leur pensée, n'auraient pu réaliser cette restauration, car les ressources offertes par les revenus de la mense abbatiale étaient trop restreintes, et celles même qu'aurait procurées l'aliénation du fonds n'auraient pu suffire à cette dépense.

Voici, d'après une note de l'écriture du commencement

---

[1] Une lettre publiée dans les *Affiches du Poitou*, année 1789, p. 25 et suiv., le dit positivement ; nous ignorons de quels documents l'auteur s'est servi.

du xviiie siècle, en quoi consistaient, vers cette époque, les charges et revenus de l'abbaye [1] :

[1] D'après les almanachs provinciaux du Poitou, le revenu de l'abbaye s'élevait à 5,000 livres. Le Dictionnaire géographique de Vosgien, éd. de 1758, Amsterdam, porte le revenu à 11,000 livres ; l'édition de 1790 ne le porte plus qu'à 5,000 livres.

D'après un papier censaire copié, en décembre 1705, par Pierre Pavin, sénéchal du marquisat d'Oirvault et fermier d'une moitié du temporel de l'abbaye, sur celui dressé par messire Jacques Charrier, procureur fiscal des chastellenies de ladicte abbaye en 1629, nous trouvons que les cens et rentes dus à l'abbaye d'Airvau formaient :

En argent,	114 livres 9 sous 4 deniers.
Plus	» » 23 d. obole.
Chapons,	29 1|2.
Poules,	13 1|4.
Froment,	273 boisseaux mesure d'Airvau.
Méteil,	12 boisseaux.
Seigle,	252 boisseaux, dont 198 seigle ou mouture.
Épices,	1|2 livre.
Cire,	2 livres.
Alouettes,	12.

Ceux dus à l'abbaye d'Irays, membre dépendant de l'abbaye d'Airvau, montent :

En argent,	45 livres 10 sous 11 deniers.
Chapons,	3
Poules,	2
Froment,	84 boisseaux mesure d'Airvau.

Ce qui fait un total de :

Argent,	160 livres » sous 3 deniers.
Plus	23 deniers oboles.
Chapons,	32 1|2 ⎫ 47 3|4.
Poules,	15 1|4 ⎭
Froment,	337 boisseaux ⎫
Méteil,	12 ⎬ 601 boisseaux.
Seigle,	252 ⎭

Revenus. — Montant des baux.

Dixmerie de Borc,	900 livres.
» de Velluché,	1,410
La Bourrelière,	710
Nazareth,	1,600
Mont,	380
Pontreau,	500
Palluau,	160
Rochette,	486
Pont-de-Barrou,	810
La Touche-l'Abbé,	570
La Maucarrière,	690
Irays,	1,118
Maisoncelle,	150
La Grange,	600
Pioger,	600
Bauregard,	50
Jumeaux,	180
Velluché,	610
Hôtel abbatial,	72
Total,	11,596 livres.

Bleds dus à l'abbaye.

Pont-de-Barrou :
  Froment, 28 septiers [1].

  Épices, 1|2 livre.
  Cire, 2 livres.
  Alouettes, 12

[1] Le septier contenait 12 boisseaux.

Baillarge,	12
La Touche-l'Abbé :	
Froment,	10
Méteil,	10
Avoine,	3
Yrays :	
Froment,	40
Baillarge,	40
Maisoncelle :	
Froment,	8
Méteil,	8
Baillarge,	8
Avoine,	8
Jumeaux :	
Froment,	31
Baillarge,	31
Total des bleds dus,	237 septiers.

Il est dû en outre :

Par la dixme de Borc, une charretée de paille ;
Par le Pont-de-Barrou, quatre milliers de foin ;
Par la Touche-l'Abbé, six milliers de foin ;
Par la Maucarrière, deux milliers de foin ;
Par Yrays, six charretées de paille.

Charges à payer.

1° En argent :
  Pour anciennes pensions, 973 liv. 6 s. 8 den.
  Pour logements, 128 » »
  Pour nouvelles pensions, 1,260 » »

Portion congrue du curé d'Yrays,	700	»	»
Sacristain,	19	2	»
Pauvres d'Airvau,	120	»	»
Hôpital de Poitiers,	34	12	»
Officiers de justice,	95	»	»
Gages des deux gardes,	300	»	»
Décimes de l'abbaye,	3,100	»	»
Décimes de MM. les chanoines,	200	»	»
Repas de St-Augustin,	150	»	»
Prédicateur du Carême,	50	»	»
Total à payer en argent,	7,158 liv.	6 s.	8 den.

2° En grains :

A MM. les chanoines :

Froment,	100 septiers	» boisseaux.

A l'hôpital de Poitiers :

Méteil,	25	11
Baillarge,	51	10
Jarousse,	8	8

A Yrays (au curé) :

Méteil,	6	3
Baillarge,	12	7
Jarousse,	2	2

Aux pauvres d'Airvau :

Méteil,	18	»
Baillarge,	36	»
Fèves,	1	»

Pour cuire le pain :

Méteil,	1	»

Au chirurgien :
Méteil, 1 septier 6 boisseaux.

Au sacristain :
Méteil, 7 6.

Total de ce qui est dû
en grains, 272 septiers 5 boisseaux.

3° En bois :

A MM. les chanoines :
Gros bois, 54 cordées, estimées, le port compris,
640 livres.

Au prieur de Jumeaux, 4 cordes, 48

4,600 fagots, qui se payent en argent, à raison de 36 fr. le cent, 1,656

400 fagots au prieur de Jumeaux, et autant au clerc d'autel, 288

Total du montant des bois, 2,632 livres.

4° En vin :
A MM. les chanoines, 85 barriques.

§ V.

POUILLÉ DE L'ABBAYE.

Le pouillé général des abbayes de France et bénéfices qui en dépendent (Paris, Gervais Allyot, 1626) ne donne que fort incomplétement la liste des bénéfices dépendants de l'abbaye d'Airvau; ici encore, grâce aux bienveillantes communications de feu M. l'abbé Georget, nous pouvons rectifier et réparer les erreurs ou les omissions de nos devanciers.

Voici d'abord la simple note du pouillé de 1626 :

« Et premièrement :

Le prieuré cloistral,

La chappelle Dautres,

La secretainerie avec Nostre-Dame de la Chapelle-Giraut,

L'infirmerie avec la chapelle de Saincte-Catherine,

Sainct-Hierosme,

Sainct-Thomas de Vernay,

Nostre-Dame de Privé,

Sainct-Jacques,

Sainct-Jean,

Sainct-Roch,

Nostre-Dame des Galleries [1],

Saincte-Barbe,

Sainct-Sébastien,

Saincte-Marie-Magdelene,

qui sont tous les bénéfices claustriers dont M. l'abbé en peut seulement disposer et conférer par leur juré, sans autre institution d'évesque. »

L'on remarquera que plusieurs des bénéfices mentionnés dans cet ouvrage ne reparaissent plus dans la liste que nous allons donner.

Offices claustraux du chapitre à la collation pleno jure *de M. l'abbé.*

Le prieuré claustral,

---

[1] *Lisez* Notre-Dame de la *Galenie*, chapelle qui existe encore et dont l'entrée est sous le narthex de l'église. Cette chapelle est complétement séparée du reste de l'église, bien que faisant partie du même monument.

La sacristie,
L'aumônerie,
L'infirmerie.

Bénéfices simples dépendants de l'abbaye à la collation pleno jure *de M. l'abbé.*

Diocèse de la Rochelle.

En règle :

Le prieuré de St-Jérôme, paroisse d'Airvau,	400 liv.
Le prieuré de St-Jacques, église d'Airvau,	200
Chapelle St-Blaise, id.,	150
Chapelle Ste-Barbe, id.,	120
L'aumônerie de St-Jean, paroisse de St-Loup,	200
L'aumônerie de St-Blaise de Riblères, paroisse de St-Varant,	300

Prieurés-cures de :
St-Paul-en-Bois,
Notre-Dame de Tessonnière.

En commende :
Prieurés-cures de :
St-Etienne d'Amaillou,
St-Martin de Louin,
St-Pierre de Soulièvres,
St-Varan,
St-Martin de Jumeaux,
Notre-Dame de St-Loup.

Diocèse de Poitiers.

En règle :

L'aumônerie de Ste-Anne d'Oyron,	1,000

Le prieuré de St-Saturnin de Loubressac, paroisse de Mazerolles, 200

Le prieuré de St-Cosme et St-Damien de Verrines, paroisse de Gourgé, 200

Les prieurés-cures de :
St-Martin d'Assays,
St-Hilaire de Borc,
St-Martin de Sales et de St-Hilaire de Toulon [1], son annexe.

En commende :

L'aumônerie de St-Jean de Ternenteuil, paroisse d'Echiré, 400

L'aumônerie ou prieuré de St-Jacques de Vielmont, paroisse de Crom, 500

Prieuré de la Magdelaine, église St-Médard de Thouars, 200

Les prieurés-cures de :
Notre-Dame de Chalais,
St-Benoît de la Boissière,
St-Michel de Crom,
St-Cybard de la Grimaudière,
Notre-Dame de Maisontiers,
La Nativité de Notre-Dame de Massognes,
St-Hilaire de Mazeuil,
Ste-Marie-Magdeleine de Pressigny,
St-Germain de Longue-Chaume,
Notre-Dame ou St-Antoine du Chillou,
St-Paul d'Yrays.

---

[1] En 1758 il y eut procès entre le prieur-curé et les habitants de Toulon, qui ne voulaient pas contribuer aux réparations de l'église, ni à la clôture du cimetière.

Diocèse d'Angers.

En règle :
Les prieurés-cures de :
St-Pierre de Dampierre, près Saumur,
St-Aubin de Turcan.
La taxe, en cour de Rome, était de trois cent cinquante florins.

§ VI.

JUSTICE.

La juridiction de l'abbaye avait le droit de châtellenie, comme nous l'avons vu déjà ; son ressort ne s'étendait que sur le Bourgneuf et les rues de la Grange, de l'Aumosnerie, celle qui allait de ladite aumosnerie au four du *Vieil*-Marché, et la rue Basset, aujourd'hui connue sous le nom de rue de Bretagne ; encore n'avait elle sur ses habitants que basse justice ou moyenne tout au plus. (*V*. le compromis de 1456, 1re partie.) Le reste de la ville était soumis à la juridiction du seigneur.

TROISIÈME PARTIE.

LA VILLE [1].

L'étymologie du nom d'Airvau a exercé la sagacité de deux écrivains de cette ville, qui ont consigné leurs observations dans deux lettres publiées dans les *Affiches du Poitou* (année 1789, p. 25, 98, 102). Malheureusement

---

[1] Voici ce que M. Dupin, dans la *Statistique du département des Deux-Sèvres*, dont il fut le premier administrateur, dit de la ville et de la commune d'Airvau :

« Airvault, chef-lieu de canton et de justice de paix. Cette commune, au nord-est et à 22 kilomètres de Parthenay, est située sur la route de Poitiers à Mortagne, et près de celle de Parthenay à Thouars. Sa population est de 2,068 individus. Il y a un notaire, un receveur des domaines, une brigade de gendarmerie à cheval, un bureau de poste aux lettres. Son territoire, arrosé à l'ouest par le Thouet, produit du froment, de la baillarge, de l'orge, du seigle en petite quantité, du vin, des fourrages, du bois, du lin et du chanvre. Il y a quelques prairies naturelles le long du Thouet; on en cultive peu d'artificielles. Les bois ne sont pas très-étendus; on n'en compte qu'environ 24 à 30 hect. en trois pièces, qui sont les bois de Vernay, de Valondain et de Gourvalée. Il y existe cinq moulins à eau, dont un à godets, mis en activité par un petit ruisseau venant de la fontaine de Renze, et quatre moulins à vent. On y exploite difficilement plusieurs carrières de pierre blanche très-dure. Le commerce consiste en blé, en vin, en laine et en productions du pays. On y fabrique des étoffes de laine dites *serges*, *frisons* et *droguets*. Il y a plus de quatre-vingts métiers à toile en activité, mais tous travaillant sur les matières qu'on leur fournit. Dans les années abondantes, on fait et on vend de l'eau-de-vie. Il y a des halles où l'on tient les foires et les marchés. »

pour l'un et pour l'autre auteurs, leurs raisonnements pèchent par la base; car, au lieu de rechercher l'étymologie du mot latin *Aurea-Vallis*, duquel sont dérivées les différentes traductions plus ou moins fidèles d'*Orvault*, *Airvault*, *Airvaux*, *Ervault* et *Hervault*, ils ont pris le mot français pour objet de leurs investigations, et, conséquence inévitable, ont été rejetés bien loin du but qu'ils se proposaient d'atteindre.

Le premier de ces étymologistes, voulant utiliser, comme il nous le dit lui-même, les loisirs que lui donnait sa profession, et pensant ne pouvoir mieux les employer, se prononce, dès les premiers alinéas de sa longue lettre, pour ceux qui écrivent *Arvaux* ; — le mot Aurea-Vallis, cité dans la charte de 1095, ne lui paraît pas une autorité suffisante. « Malgré cette autorité.... il est plus croyable que le vrai nom de cette ville est tiré des mots *Arx Vallis*, citadelle sur la vallée, ou, selon la langue celtique, *Ar*, hauteur, élévation, *Vallis*, de la vallée : ce qui prouve que le vrai nom doit être Arvaux plutôt qu'Airvaux....... Ne peut-on pas aussi présumer que, pendant leur séjour dans les Gaules, ces nouvelles colonies (des Romains) y aient apporté leurs cérémonies religieuses, et qu'elles aient choisi Airvaux pour établir une société de frères Arvales ou Arvaux, *collegium fratrum Arvalium* ?...

» D'après ces différentes remarques sur le nom de la ville d'Airvaux, il est aisé de conclure que son véritable nom doit être *Ar-Vallis*, au lieu d'*Aurea-Vallis*, cette ville étant située dans un lieu aride et pierreux, comme il a été dit ci-dessus, et qu'on doit prononcer *Arvaux*, d'*Arx-Vallis* ou d'*Arvallis*, au lieu d'*Oirvault* ou *Airvault*.

« Si quid novisti rectius istis
» Candidus imperti; si non, his utere mecum. »

Nous prendrons la liberté d'user de la permission que l'on nous donne si généreusement, et déclarons vouloir nous en tenir à l'*Aurea-Vallis* des chartes, ce nom, d'après notre manière de voir, ayant été donné à cette vallée pour des causes que le temps et la présence habituelle de l'homme dans ces lieux depuis des siècles ont contribué à faire disparaître, et qui sera sans doute pour cette raison à jamais inexplicable.

Voici maintenant les étymologies proposées par le second de nos écrivains. M le premier citoyen d'Airvaux, — comme il se qualifie lui-même, — n'est pas plus heureux que son contradicteur; comme lui, il fait fausse route. Voyons plutôt :

« L'auteur de la lettre insérée dans la feuille n° 7 prétend qu'Airvaux doit tirer son étymologie d'*Arx-Vallis*, citadelle sur la vallée, ou d'*Arvallis*, éminence, hauteur sur la vallée...

» Ne peut-on pas croire aussi qu'Airvaux pourroit dériver d'*Ardua-Vallis*, vallée âpre? sa position étant en effet rude et pierreuse, ainsi qu'on nous l'a dit à l'occasion de la bataille de Moncontour.... L'amiral de Coligny s'avançant jusqu'à Arvaux, il prendroit un champ de bataille si avantageux, que les avenues en étant difficiles et âpres, les Royaux ne pourroient l'assaillir qu'à leur grand dommage....

» Une autre étymologie, qui ne me paroît pas moins digne de considération, est celle d'*Ara-Vallis*, autel de la vallée. »

Suit une courte description de l'église, que nous passons; puis il continue :

« Il paroît vraisemblable que cette église a été bâtie sur les débris d'un temple consacré à quelque divinité, comme

Cérès, Bacchus, ou au dieu Mars, d'où on peut dire *Ara-Vallis*, ce qui peut se rapporter à l'article de votre feuille n° 7, où il est parlé des prêtres Arvales ou Arvaux, etc. »

Les motifs mis en avant par M. le premier citoyen d'Airvau ne sont pas de nature à modifier notre conviction, et quant à rechercher l'étymologie du mot *Aurea-Vallis*, nous laisserons à de plus habiles que nous le soin d'en rechercher la cause et l'honneur de la découvrir.

Passons à la ville.

Deux témoignages anciens, et qui se produisent à environ deux siècles de distance, viennent déposer en faveur de la ville d'Airvau.

Le premier, du xvᵉ siècle, émane des habitants eux-mêmes, et nous ne devons pas espérer de le voir dénigrer leur patrie : c'est un vilain oiseau que celui qui salit son nid, nous dit un vieux proverbe. Les habitants d'Airvau le connaissaient sans doute, et n'ont pas voulu qu'on leur adressât pareil reproche; mais ne sont-ils pas tombés dans le défaut opposé? Le temps a singulièrement modifié les personnes et les choses depuis le xvᵉ siècle, et nous ne pouvons trop nous inscrire en faux sur une appréciation de cette époque. Acceptons donc pour vrai ce que le patriotisme des habitants posait en fait, et disons qu'en 1445 Airvau était *une belle ville champêtre, grande, spacieuse et bien peuplée*[1].

Le second a pour nous plus de poids; il émane d'une personne désintéressée dans la question, d'un voyageur

---

[1] Nous ne nous appesantirons pas sur la qualification de *bourg* et *village* donnée à Airvau par le vicomte de Thouars en 1445; l'intérêt de Marie de Rieux à déprécier ce qui appartenait à son adversaire était trop évident pour que nous puissions la prendre en considération.

qui venait de parcourir la majeure partie de la France.
A la suite du roi Charles IX, Abel Jouan, valet de chambre
de ce prince, tenait un journal de tout ce qui le frappait
dans ses courses; il utilisait ainsi les loisirs que lui lais-
saient les voyages de son maître, et, grâce à lui, nous
savons qu'en 1565 *Hervault était une belle petite ville.*

Acceptons-le donc pour vrai, mais disons aussi que,
depuis cette époque, elle a bien dû changer, ou qu'alors
cette qualification n'est que relative.

Certes nous ne voudrions pas que les habitants d'Airvau vissent quelque chose d'injurieux à l'égard de leur
patrie dans les lignes précédentes, mais nous tenons à
être exact autant que vrai; et si la vérité nous oblige à
dire que nous n'avons pu voir Airvau avec des yeux aussi
prévenus que ceux dont nous citons l'opinion, disons
aussi, pour être juste, que des améliorations sensibles
modifient de jour en jour sa physionomie encore quelque
peu enfumée, et que, dans un laps d'années assez res-
treint, elle méritera, nous en sommes sûr, l'épithète dont
l'a gratifiée le valet de chambre de Charles IX.

Nous eussions voulu, entrant dans le cœur de notre
sujet, donner quelques détails sur l'intérieur de la ville,
sur les maisons anciennes qui s'y trouvent encore, et
dont le nombre diminue tous les jours; mais d'autres
occupations [1] ne nous ont pas permis, lorsque nous étions
sur les lieux, de réunir les documents à ce nécessaires.
Nous nous contenterons donc de donner le tracé des anciennes fortifications [2], que nous avons en partie retrou-

---

[1] Le dépouillement des archives du marquisat d'Airvau, conservées au château de Moiré, commune de Soulièvre.

[2] Les fossés de la ville sont encore apparents dans plusieurs endroits, et

vées, en partie devinées, grâce au concours obligeant de M. Calixte de Tusseau. Nous y avons ajouté quelques indications en bien petit nombre, et encore, pour la plupart, ne pouvons-nous les présenter que sous la forme dubitative. Nous eussions désiré connaître l'origine ou l'étymologie de ces noms de Rabotte-Caillon, Moque-Souris, la Bouzine, Javelle, Cire-Rouge, Paille-Maille, etc., dont on lit encore les noms sur le plan; rapporter les traditions qui s'y rattachent, etc.; mais nous nous rappelons les mille difficultés contre lesquelles est venue se briser notre bonne volonté pour un travail semblable sur les rues de Poitiers, que nos collègues n'ont peut-être pas tout à fait oublié; et cependant nous étions enfant du sol, nous habitions Poitiers, nous avions autour de nous nos collègues, dont l'obligeance ne nous a jamais fait défaut. Si dans une pareille condition nous nous sommes vu dans la nécessité d'abandonner notre œuvre, après trois ans d'étude, l'on doit comprendre que nous n'osions aborder la description d'une ville que nous n'avons pu feuilleter, que l'on nous passe l'expression, que dans de

surtout dans la partie du nord, principalement du côté du château, où les constructions nouvelles n'ont pas franchi les anciennes murailles Ces fossés avaient été aliénés par les anciens seigneurs bien avant 1789, moyennant diverses rentes, dont quelques-unes sont encore payées aujourd'hui. Une entre autres consiste en quelques douzaines d'alouettes, et je me rappelle, me trouvant au château de Moiré, avoir mangé ma part de ce plat d'origine féodale.

Le château de Moiré appartient à M. C. de Tusseau, également propriétaire du château d'Airvau du chef de sa belle mère Éléonore Rose-Charlotte de Richeteau, fille de René de Richeteau et de Gabrielle-Henriette Chasteigner de Rouvre, dernier marquis d'Airvau.

rapides excursions; nous laisserons donc ce soin à quelque habitant de la cité; mieux que nous il est à même de traiter pareil sujet.

Mais ce qui fait l'honneur de cette petite ville, ce qu'il est donné à chacun de voir, de *deviner*, est sa magnifique abbatiale, dont la masse imposante domine les toits quelque peu enfumés qui l'environnent. Nous espérions qu'une plume amie, et qui jusqu'alors avait bien voulu nous prêter son concours, nous viendrait en aide encore aujourd'hui ; les études spéciales de M. Charles de Chergé auraient été pour nos lecteurs un sûr garant de la fidélité de sa description. Mais si des circonstances indépendantes de nos volontés réciproques ne nous ont pas permis de nous réunir une fois encore dans une même pensée, nous avons trouvé dans M. Ch. Arnault un guide fidèle et précis. La description qu'il a donnée, dans les *Monuments des Deux-Sèvres*, de l'édifice sacré qui nous occupe, est exacte et claire ; aussi l'avons-nous en grande partie insérée dans notre travail ; et, grâce aux deux plans de M. Segretain [1], l'habile architecte que nous sommes fiers de compter parmi nos collègues, auquel tant de nos monuments doivent une nouvelle vie, nous espérons que nos lecteurs sauront s'expliquer et comprendre les sentiments d'admiration qui s'élevèrent en nous lorsque, pour la première fois, nous visitâmes l'église d'Airvau. Ce monument est l'un des beaux types de l'époque de transition

---

[1] Nous prions M. Segretain de vouloir bien recevoir encore ici de nouveau l'expression de notre reconnaissance pour l'obligeance avec laquelle il a bien voulu faire réduire et dessiner ces plans pour notre travail.

dans nos contrées; ce n'est plus l'architecture romane avec tout ce qu'elle a de grave et de sévère, et ce n'est pas encore l'architecture ogivale, bien que déjà l'on y remarque ses belles proportions, son aspect gracieux, ses voûtes hardies, ses nervures élégantes.

« Ces édifices de transition, dit un auteur célèbre [1] auquel les études moyen âge durent une rapide impulsion, mais qui plus tard défigura, au profit d'une coterie littéraire, le mouvement qu'il avait imprimé, ces édifices de la transition du roman au gothique ne sont pas moins précieux à étudier que les types purs. Ils expriment une nuance de l'art qui serait perdue sans eux. C'est la greffe de l'ogive sur le plein cintre. »

La façade a payé, comme presque toutes les églises de notre Poitou, son tribut à nos dissensions religieuses et civiles. Ce n'est pas une de ces magnifiques pages d'architecture que le moyen âge déployait quelquefois si libéralement sur la façade de ses monuments. Trois portes surmontées de trois arcades, et un mur en pignon sur lequel le temps seul a marqué son passage, voici tout ce qu'elle offre à l'œil de l'archéologue.

La grande porte est ornée d'archivoltes assez curieuses; la zone inférieure est décorée du dessin angevin, et celle qui la surmonte représente les vingt-quatre vieillards (ceux de l'Apocalypse sans doute) assis sur des siéges, les bras élevés et la tête couverte d'une coiffure décorée en réseau. Dieu le père était autrefois dans un médaillon placé au haut de l'archivolte, mais médaillon et statuette, tout a disparu.

[1] Victor Hugo, *Notre-Dame de Paris*.

La porte latérale de droite n'offre rien de remarquable; celle de gauche est ornée de perles.

Au-dessus de ces trois portes sont trois arcades, dont l'une, celle du milieu, est ogivale, et dont les deux autres sont des arcades gothiques aiguës. Dans celle de gauche se remarque, comme à Saint-Hilaire de Melle, Saint-Nicolas de Civrai, etc., un cheval portant un cavalier; mais cheval et cavalier ont singulièrement souffert; du premier il reste peu de chose, de l'autre presque rien, une jambe et le reste des plis d'une longue robe et d'un manteau.

Si vous interrogez les habitants, leur réponse sera unanime. — Ces fragments informes représentaient Hildéardix d'Aunay, la pieuse fondatrice de l'église et de l'abbaye. Les religieux ont placé son image dans cet endroit apparent, pour témoigner de leur reconnaissance; et ils s'appuieront, pour justifier leurs dires, sur la robe flottante, dont les plis se déroulent encore. Une pareille tradition, basée sur de semblables motifs, est certes respectable, mais ne peut se soutenir après un examen attentif et minutieux. L'argument tiré de la longue robe du cavalier n'est pas une raison péremptoire; nous savons tous que l'habit que revêtaient les seigneurs des xe, xie et xiie siècles dans leurs châteaux, leur habit de paix et de cérémonie, consistait en une longue robe qui les couvrait de la tête aux pieds. De plus, la jambe subsistante, qui n'a dû d'échapper à la destruction du corps entier qu'à son incrustation dans la muraille, la jambe subsistante porte un éperon, et le sexe du cheval n'est pas douteux; or, jamais gracieuse châtelaine n'arma son talon de l'éperon de fer pointu et acéré et ne monta cheval entier. Les monuments écrits et les peintures des manuscrits que l'on consulte avec tant de fruit pour découvrir les mœurs et les habitudes de nos pères sont unanimes sur ce point. Les femmes montaient des haquenées, des palefrois, mais jamais il ne fût venu à un miniaturiste ou à un sculpteur l'idée de les représenter sur un étalon; c'eût été faire un contresens trop grossier : de pareilles montures étaient réservées aux chevaliers.

Mais alors que représentait donc ce cavalier? Sans vouloir entrer dans les généralités d'une discussion plusieurs fois déjà soulevée entre les antiquaires pour décider si les statues équestres placées extérieurement sur les façades de nos églises représentent les fondateurs ou des personnages allégoriques, nous dirons que, selon tel ou tel système, ce peut être le Christ, Héliodore, Constantin, Charlemagne, ou la représentation du fondateur, mais qu'à coup sûr ce n'est point la fondatrice; mœurs, costumes, usages, nous dirions presque convenances, tout s'y oppose.

Quant à la partie supérieure de la façade, elle est de construction relativement moderne, de l'époque de transition, flanquée de colonnes aux chapiteaux ornés et surmontés de deux petits clochetons.

Quand on a descendu quelques marches, on se trouve sous le narthex ou vestibule qui précède l'église. Aucun catéchumène n'a dû s'arrêter sous ces voûtes sombres et surbaissées; mais cette disposition des anciens temples chrétiens a été conservée par le pieux architecte comme un souvenir de la primitive Eglise. Le narthex est partagé en trois nefs correspondant à celles du monument qu'il précède. La voûte se compose d'arceaux alternativement arrondis et taillés en creux; les colonnes qui la soutiennent sont surmontées de chapiteaux fouillés et historiés. La porte qui donne accès dans l'église est décorée d'archivoltes dont les tores sont ornés de moulures composées de pièces arrondies d'un côté et pointues de l'autre. Les tailloirs sont chargés de branches et de feuilles de vigne, de moulures qui s'entrelacent. A droite est une porte latérale qui donne accès dans une chapelle dont nous parlerons plus tard.

« L'intérieur de l'église d'Airvau présente un noble ensemble, nous dit M. Charles Arnault. L'œil est en effet frappé de l'heureuse disposition adoptée, de l'élévation et de l'apparence svelte des piliers, qui autour du chœur, abandonnant la ligne droite, viennent envelopper *le Saint des saints* comme les chérubins entourent le trône de l'Agneau, dont nous parle saint Jean dans son Apocalypse.

» Les piliers de la nef sont groupés avec art ; ils se distinguent par la hauteur à laquelle ils s'élèvent, par la richesse, la variété des chapiteaux, par l'élégance des voûtes suspendues à une belle hauteur [1]. Jusqu'au transsept, les piliers sont quatre demi-colonnes qui se groupent les unes avec les autres. Quand on est placé dans la nef, ces faisceaux de colonnes rappellent une idée mystique comme il y en a tant dans les constructions du moyen âge. En effet, par leur disposition, par leur différente hauteur, ces colonnes forment quelque chose qui, par la pensée, ressemble à une croix. Les bras sont formés par les chapiteaux des colonnes latérales, qui ne sont pas aussi élevées que les demi-colonnes qui supportent les

---

[1] Les voûtes de la nef sont élevées de 16 mètres au-dessus du sol ; celles du chœur, de 15, et celles des bas côtés, de 12 m. 80 cent. L'élévation du narthex n'est que 5 m. 60 cent.

voûtes, et qui forment par conséquent la partie supérieure de la croix..... »

Nous laisserons à notre honorable collègue la responsabilité de cette pensée. Un coup d'œil jeté sur la planche représentant l'intérieur de l'église la fera encore mieux comprendre.

Vouloir décrire l'infinie variété des sculptures qui décorent les chapiteaux des colonnes nous entraînerait trop loin; au lieu d'une description, nous ferions un inventaire. Règne animal, règne végétal, règne fantaisiste, que l'on nous passe l'expression, ont été tous plus ou moins mis à contribution. Monstres grimaçants, animaux réels ou impossibles, figures hideuses ou souriantes, feuillages, fruits, moulures, entrelacs, dessins de toute sorte, de toute nature, s'étalent, se pressent, se contournent, s'entrelacent sur cet étroit espace que le ciseau du sculpteur a creusé, fouillé avec un si grand luxe d'imagination et tant de verve. Tout serait à décrire. Citons seulement, en passant, un chapiteau qui représente des voyageurs à cheval : ils vont paisiblement, au pas, sont vêtus de longues robes, leur talon est armé du terrible éperon de fer du XIIe siècle; un autre sur lequel est sculpté un combat : deux guerriers, couverts de longs boucliers, s'attaquent avec fureur; un autre encore où l'on voit une table autour de laquelle sont des hommes assis, « qui festoient ensemble; » peut-être est-ce la représentation de la Cène.

A droite et à gauche de la nef, à la retombée des voûtes sur les colonnes qui les supportent, l'on voit, de chaque côté des chapiteaux, des statues debout, soutenues par des consoles formées de monstres aussi hideux, aussi repoussants que ceux représentés sur les chapiteaux qui les avoisinent et avec lesquels ils font assaut de grimaçante laideur. Ces statues tiennent des livres, et la manière dont elles sont disposées porte M. Segretain à croire qu'elles appartiennent au xii⁰ siècle. Nous ne connaissons pas d'autre exemple de pareille décoration intérieure dans les églises de nos contrées.

Les piliers des transsepts sont formés par quatre colonnes engagées sur des pilastres, et leurs chapiteaux ne sont ornés que de feuillages.

Au fond du transsept gauche, près de l'escalier de la porte latérale, l'on voit dans une niche un tombeau fort ancien; sa forme est celle d'un couvercle plutôt que d'un cercueil [1]; sa partie supérieure est exactement semblable à un toit; neuf personnages sont gravés de l'un et l'autre côté. A l'une des extrémités on distingue une croix affectant la forme de celles connues sous le nom de croix de Malte; à l'autre on y voit des maisons à pignons pointus.

Si l'on peut ajouter foi à la tradition, les restes mortels d'Hildéardix, après avoir été déposés dans une autre église, auraient été apportés au xii⁰ siècle dans celle qu'elle avait fondée, et ce petit monument serait son tombeau. Il est renfermé dans une niche dont le cintre est orné de modillons.

Les voûtes de la nef, d'une date plus récente que le reste de l'édifice, sont formées de nervures qui se réunissent autour de larges modillons historiés, dans lesquels le ciseau de l'*imagier* a taillé différentes scènes de l'Ancien Testament. Lorsque nous avons visité l'église d'Airvau, l'on distinguait des traces de peintures, aujourd'hui dégagées de l'épaisse couche de chaux qui les couvrait alors.

Les tailloirs des chapiteaux sur lesquels retombent

---

[1] M. de Caumont.

les voûtes sont unis. Ceux des autres offrent des cercles, des entrelacs et des rinceaux.

« Les quatre faisceaux de colonnes qui soutiennent le clocher sont, en grande partie, plus jeunes que ceux de la nef; les chapiteaux sont moins anciens, ils sont de feuillage et d'un beau travail. Les assemblages de quatre colonnettes, qui les suivent et qui se groupent et s'élancent avec une grâce étonnante, appartiennent au xiiie siècle; les voûtes indiquent aussi le commencement de cette époque. Dans cette partie de l'église, les arcs sont en ogive, ce qui est à l'appui de ma pensée. Les colonnes qui viennent après sont romanes; elles ont de curieux chapiteaux; deux d'entre eux offrent un douloureux épisode : c'est celui d'Adam et d'Eve maudits et chassés du paradis terrestre; ils partent, ils fuient pour trouver, tout à côté, la mort, représentée par un homme que l'on voit étendu. Dans le chapiteau voisin, la fatale histoire recommence; c'est un homme qui travaille; il est déchu; les arbres tombent sous sa main; il creuse et bêche la terre. Près de là l'on aperçoit un autre symbole : c'est un cheval, des armes, un drapeau. C'est ainsi que les artistes d'Airvau ont rapproché l'un de l'autre le travail et la guerre, ces funestes conséquences de la faiblesse de nos premiers parents.

» L'église est terminée par trois chapelles; celle du milieu présente aux regards des colonnes, des chapiteaux variés, des tailloirs unis. Les murs des bas côtés penchent, mais cela vient des voûtes qui les ont surchargés; aujourd'hui l'effort est fait. L'arcature simulée, la plus voisine des transsepts, dans le latéral de gauche, renferme de curieux débris; ce sont des ornements en creux, des restes de la primitive église qu'on a voulu conserver; ce sont des entrelacs et différents animaux. De ce côté s'entr'ouvre une fenêtre ogivale ; mais, après, toutes les arcatures sont bouchées ; les unes sont parcourues, de la base au sommet, par des colonnes, dont les chapiteaux sont surmontés d'une bande très-ornée qui accompagne le mur dans toute sa longueur. Les voûtes des bas côtés sont cintrées et en berceau. Le latéral du midi est le plus remarquable. Les colonnes inférieures, qui ont pour unique ornement, à leur sommet, un élégant cordon, sont surmontées de deux autres colonnes aux chapiteaux historiés ou de feuillage Les fenêtres ne sont point flanquées de colonnes, mais à leur sommet, au-dessus des claveaux, s'arrondit une fort jolie guirlande que rien ne peut interrompre. Aussi lui faut-il, à tout instant, suivre une ligne droite, monter, descendre. Au-dessus de ces ornements, et sur la même ligne que les tailloirs des colonnettes, règne un long bandeau très-orné. De ce côté il y a une grande fenêtre ogivale, ouverte sans doute pour donner plus de jour.

» Il faut visiter ensuite le jardin du presbytère pour examiner la façade du midi ; parmi les ornements des fenêtres, il faut compter des colonnes, des chapiteaux presque tous historiés, des rouleaux qui sont les uns sur les autres, des tores, des dents de scie, des chaînettes, des feuilles, des billettes ; en un mot, c'est un ensemble des plus riches. »

Et, pour terminer tout cela, la flèche.

Le clocher, qui date du XIIIe siècle, consiste dans une tour carrée d'un seul étage, supportée par quatre piliers placés autour du sanctuaire, et percée, sur chaque face, de fenêtres ogivales fort allongées. Cette tour est surmontée d'une flèche octogone sans nervures et sans crosses, flanquée, selon l'usage, de quatre petits clochetons.

« Placée dans le fond de la vallée, cette belle flèche, dont le coq tourne au vent à 59 mètres au-dessus du sol, perd beaucoup de sa grâce et de sa majesté; élevée sur l'une des collines qui l'enserrent à droite et à gauche, elle ferait admirer ses proportions grandioses. Et si elle ne peut rivaliser avec ces flèches normandes dont M. de Caumont nous faisait, en 1843, une si poétique description au congrès de Poitiers [1], elle prouve du moins que nos artistes savaient, eux aussi, au besoin, élever vers le ciel le signe consolant de la croix, comme une ardente aspiration vers un monde meilleur.

Lorsque l'on pénètre sous le narthex, on trouve à droite, comme nous l'avons déjà dit, une chapelle qui, bien que faisant partie du monument dont nous venons de donner une description bien au-dessous de sa valeur architecturale, est complétement isolée du reste de l'édifice, et forme pour ainsi dire une église dans une autre église. Nous voulons parler de la chapelle de la Sainte-

---

[1] « A notre pays la palme, Messieurs, pour les tours élevées, pour ces élégantes aiguilles qui s'en vont fendant la nue et portant jusques dans les nuages le signe de la rédemption humaine : honneur à nos architectes pour la religieuse, la poétique inspiration qui les anima lorsqu'ils élevèrent ces admirables pyramides aériennes qui semblent ne pouvoir résister au moindre vent, tant elles sont frêles, et qui pourtant affrontent depuis des siècles les plus effroyables tempêtes : c'est bien pour concevoir et terminer de pareils ouvrages qu'il fallait la foi de nos pères. Nos architectes modernes sont pris de vertige quand ils les contemplent, même d'en bas. » — Séances générales tenues en 1843 par la Société française pour la conservation des monuments historiques, page 164.

Vierge *de Galeniis*, comme on la nomme dans une charte de 1473, et dont à cette époque *Johannes Galinellus* était chapelain. Cette conformité de nom entre le chapelain et la chapelle nous ferait croire que ce dernier était fondateur, ou du moins bienfaiteur de ce bénéfice, auquel par suite on aurait donné son nom. Le pouillé de l'abbaye déguise son nom sous celui de Notre-Dame *des Galleries*. C'était en 1789 un des bénéfices claustraux dont l'abbé seul pouvait disposer.

A l'extrémité du transsept méridional on voit encore les restes de la salle capitulaire ; les cloîtres y communiquaient par une « porte plus haute que les deux arcatures latérales dans lesquelles sont inscrites deux petites fenêtres géminées, qui sont flanquées et soutenues par des colonnettes et des chapiteaux de feuillage d'une rare élégance. Les voûtes du chapitre sont supportées, de distance en distance, par des piliers octogones d'où partent de grosses nervures rondes ; les chapiteaux sont de feuillage.

» Une grande partie des cloîtres d'Airvau avait été rétablie au xve siècle, comme l'attestent les arcatures qui subsistent encore. A cette époque, les contre-forts de l'église n'ont pas été épargnés ; on les a mutilés pour établir la galerie claustrale, inscrite dans le mur de l'église, et dont la partie inférieure appartient à l'époque primitive. »

Comme nous l'avons déjà dit, les cloîtres, ainsi que les autres lieux réguliers, furent détruits et incendiés par les protestants, après la bataille de Montcontour ; depuis cette époque, les religieux logèrent en ville. Ce qui subsiste encore aujourd'hui de l'abbaye consiste seulement dans les bâtiments qui forment maintenant le doyenné et la construction encore aujourd'hui connue sous le nom de l'infirmerie, qui longe la rue du Dépôt ou de la porte Baillif.

Vis-à-vis l'église et à quelques pas, sur la place dite du Minage, « on voit un escalier qui disparaît sous terre; au bas des marches, l'on voit une fontaine aussi curieuse par sa beauté qu'utile par sa fécondité; elle fournit abondamment toute la ville; l'eau en est légère et rapide. Il faut passer sous une voûte d'une ancienne structure pour parvenir à la source. A quelque distance, elle remplit un bassin dont on fait le tour sur un trottoir en pierre de taille pour la commodité du puisage.

» On voit sous cette voûte antique des vestiges d'anciennes inscriptions que le temps et les vapeurs minérales ont effacées. On n'en distingue plus qu'une latine au-dessus de l'entrée de la voûte, qui est du règne de Louis XIII. La source est séparée du bassin par une grille qui en défend l'entrée à ceux qui pourraient y jeter des pierres ou autres immondices.

» Cette fontaine pourrait avoir été consacrée à quelques divinités, ainsi qu'il était d'usage chez les anciens, comme le rapporte Horace : *Stratus nunc ad aquæ lene caput sacræ.* » (*Affiches du Poitou*, 1789, page 99.)

Sur la colline qui domine la ville, au nord, s'élève l'ancien château.

Les bâtiments d'habitation occupés autrefois par les seigneurs servent aujourd'hui de demeure à des paysans; l'antique forteresse est devenue simple ferme; ils ne présentent, du reste, rien de monumental. Les seigneurs d'Airvau n'étaient pas *bâtisseurs;* cependant plusieurs l'ont habité, et l'on doit se rappeler les dangers qu'y courut Sybille Taveau, épouse de Maubruny de Liniers, obligée d'abandonner son appartement exposé aux projectiles des partisans de Marie de Rieux, la vindicative et altière vicomtesse de Thouars.

D'après cela, l'on voit que, dès cette époque (vers 1440), le château offrait les moyens d'opposer une résistance efficace; il possédait des murs épais qui s'élèvent du côté de la ville au moins à 13 mètres de hauteur, et du côté de la plaine leur élévation n'est pas beaucoup moindre.

Ces murailles forment un carré long d'environ 130 mètres sur 65, et sont encore aujourd'hui garnies, dans toute leur étendue, de marchepieds qui permettent au curieux qui a la tête solide et le pied sûr d'en suivre le pourtour. Ce carré était flanqué aux quatre coins de quatre tours, dont trois ont résisté jusqu'à nos jours; l'une d'elles, connue sous le nom de *donjon*, est la plus élevée et la mieux conservée; son rez-de-chaussée forme une large arcade voûtée devant laquelle s'abaissait le pont-levis, aujourd'hui détruit et remplacé par un pont de pierre. Son premier et unique étage, auquel on parvient par un escalier de pierre placé à l'extérieur, consiste dans une salle assez vaste. De ce point élevé, l'on admire un de ces spectacles qui frappent l'œil et se gravent dans la mémoire. Aux pieds de l'observateur, la ville tout entière, dont les maisons, descendant le penchant des deux collines, viennent se grouper, se presser au fond de la vallée autour de l'église. Au milieu de ces toitures, de ces murs sur lesquels le temps et la vétusté ont marqué en teintes sombres et variées leur passage, s'étend et s'allonge le monument sacré; et là, devant lui, à son niveau, malgré la profondeur de la vallée qu'elle domine de toute sa hauteur, s'élève la flèche de l'église, qui, traçant un sillon de pierres à travers les airs, vient placer le signe de la rédemption à la même hauteur que la girouette féodale. Les deux puissances de l'époque, comme nous le disions en commençant, étaient là en présence. La religion, balançant le pouvoir seigneurial et lui montrant la croix, l'invitait à ne voir que des frères dans les serfs sur lesquels les lois humaines lui accordaient un droit illimité.

Puis, au midi, sur la cime de la colline opposée, une croix de pierre, se dressant naguère au milieu du champ des morts [1], rappellerait encore que la puissance n'était que vanité, que rien sur la terre n'était stable, que tout était passager, gloire et grandeur, cendre et fumée. Et quand on ramène ses yeux sur le siége de la puissance du monde, l'on trouverait sur son passage les bâtiments de l'abbaye, port assuré ouvert par la religion aux malheureux du siècle.

Puis au loin, à l'est, le cours du Thouet, ses bords pittoresques, tantôt prairies verdoyantes, tantôt rochers noirs [2], sombres et abrupts, tantôt bois ombreux au-dessus desquels on voit s'élever les tourelles du château de Vernay, dont les ardoises renvoient au loin les rayons du soleil, tandis qu'à l'ouest l'œil se perd au milieu des plaines où se donna la bataille de Montcontour.

Il existe encore le long des murailles, garnies de leurs embrasures et de leurs créneaux, des casemates où les défenseurs pouvaient se mettre à l'abri, et les traces des

---

[1] Détourné de sa destination première depuis bien des années, et planté d'arbres, cet ancien cimetière est aujourd'hui une des places de la ville et un but de promenade pour les habitants.

[2] Le lit du Thouet, dans les environs d'Airvau, est en partie formé par des blocs de granit et de porphyre noir.

vastes souterrains qui, communiquant de la ville au château, permettaient au seigneur et aux habitants de se faire passer, à l'insu des assaillants, des secours efficaces.

Le pont-levis placé devant le donjon était, selon l'usage, défendu d'une manière toute spéciale. Obligé de présenter le flanc pour y arriver, l'assiégeant se trouvait non-seulement exposé aux coups des défenseurs qui garnissaient les murailles, mais encore devant lui, en face, une barbacane, fortification avancée couvrant une poterne de la ville, qui s'ouvrait près de là, pouvait vomir sur sa tête de colonne des projectiles d'autant plus terribles, que les meurtrières sont percées à hauteur d'homme, le chemin excessivement étroit et qu'il n'y a nulle issue sur la droite. Là encore on voit la preuve que bourgeois et seigneurs vivaient en bonne intelligence et prêts à se donner un mutuel secours. Le feu que les protestants, furieux de leur désastre, mirent à la forteresse dans leur retraite sur Parthenay, et l'attaque tentée par la vicomtesse de Thouars vers 1440, sont les seules circonstances historiques dans lesquelles le château soit mentionné d'une manière particulière.

Pour terminer ce que nous avons pu réunir sur la ville d'Airvau, disons quelques mots sur son commerce et son industrie.

Le plus ancien document que nous ayons rencontré concernant cette matière est une cession de *droit d'étalage* faite par Payen de Chausseroye, en 1370, à un certain Robert Audiger, sous les halles d'Airvau. L'existence de ces halles suppose que, dès avant cette époque, des foires et marchés étaient établis, et vivifiaient à certains jours, à certaines époques, les rues de la ville.

L'on doit se rappeler que nous avons cité aussi (première partie) un échange par lequel, le 20 mai 1429, Maubruny de Liniers acquérait *les droits, profits et émoluments* d'une foire que le prieur de la Maisondieu de Parthenay *levait et exerçait chacun an en la ville d'Oyrvault, environ le jour de saint Pierre et saint Paul.* Cette foire existe encore et se tient toujours le 30 juin, comme autrefois. L'on voit encore par l'enquête de 1445 que, dès cette époque, *il affluait* à Airvau *de toutes parts plusieurs marchands pour ce que le marché y est tenu une fois par chacune sepmaine* Quel jour se tenait ce marché hebdomadaire ? Nous n'en avons trouvé aucune trace. L'on doit se rappeler que nous avons mentionné première partie) des lettres patentes portant érection de marchés, les unes de Henri II, du mois de mars 1541, et les autres de Louis XIII, du mois de juin 1627; les premières établissaient un marché le lundi, les autres, le jeudi. De ces deux marchés, celui du jeudi est le seul qui subsiste encore de nos jours.

Nous avons également cité (première partie) la transaction passée le 26 mai 1515, par laquelle Michel de Liniers obtint de Simon Pidoux, abbé et aumônier du monastère de Saint-Pierre, la cession de ses droits sur les foires qui se tenaient à Airvau. L'acte ne mentionne pas à quelle époque elles se tenaient, mais elles aussi devaient remonter à une haute antiquité, et la dignité de celui qui en jouissait nous ferait fixer l'époque de leur création avant qu'Airvau ne fût sorti de la maison de Thouars; c'était sans doute un don que ces anciens seigneurs avaient fait à l'abbé et à l'aumônier, pour augmenter les revenus de leurs prébendes et les mettre mieux en état de soutenir leur dignité. Ceci, du reste, n'est encore qu'une supposition, comme tant d'autres, que l'insuffisance des matériaux sur lesquels nous travaillons nous ont forcé d'émettre [1].

En 1789, neuf foires se tenaient à Airvau, aux époques ci-après : le lundi gras, le lundi de la Passion, le lundi des Rogations, le 30 juin, le premier lundi d'août, le premier lundi de septembre et le 30 du même mois, le lundi avant la Toussaint et le lundi avant Noël [2]. Le principal objet des transactions commerciales était, comme encore aujourd'hui, les laines et les moutons.

Dans les derniers siècles, l'horlogerie d'Airvau était en grande réputation; nous nous rappelons avoir vu au château de Moiré une pendule, genre Louis XV, qui fait honneur au talent de l'ouvrier qui l'a exécutée Voici encore, au sujet de cette industrie, l'annonce que nous trouvons dans les *Affiches du Poitou* (1789, p. 104) : « Le sieur Dugast, horloger, donne avis au public qu'il vient de fixer son domicile à Airvaux, où l'horlogerie a toujours été en réputation. » Les almanachs provinciaux du Poitou rendent le même témoignage. Outre l'horlogerie, il existait dans cette ville, qui, dans les dernières années du xviiie siècle, avait aussi son bureau de poste aux lettres, plusieurs métiers, dont les uns fabriquaient des serges deux-laines, serges étaim-sur-étaim, serges étaim-sur-laine, drap-frizon, etc. D'autres tissaient des toiles estimées, dont la vente jetait dans la ville une assez forte somme

---

[1] *Voir* aussi l'aveu de René Ysoré (première partie), et, pour les droits de chef-d'œuvre que le seigneur et l'abbé avaient le droit de prélever sur les marchands étrangers qui déballaient dans l'intérieur de la ville, le compromis de 1456, transcrit première partie.

[2] Ces foires existent encore.

d'argent. On y voyait aussi des tanneries florissantes; mais la perte du Canada les avait fait singulièrement déchoir de leur ancienne activité.

Nous voici arrivé au terme de notre travail; les faits qui eurent lieu plus tard dans la ville d'Airvau ne rentrent plus dans le cadre que nous nous sommes tracé, ne sont plus du domaine de l'antiquaire; ils relèvent de l'historien. Heureux si nos efforts, secondés par tant de bienveillants encouragements, réalisent l'espoir des personnes qui ont bien voulu nous communiquer les éléments de ces *recherches;* qu'elles reçoivent ici, une fois encore, le témoignage de notre profonde reconnaissance.

(*Extrait du* XXIVe *vol. des Mémoires de la Société des Antiquaires de l'Ouest.*)

www.ingramcontent.com/pod-product-compliance
Lightning Source LLC
Chambersburg PA
CBHW061300110426
42742CB00012BA/1990